Mességué, Gesund und schön

Der Autor:

Maurice Mességué wurde 1921 in Calyrac-Saint-Cirq in der Gascogne geboren. Schon früh erlernte er von seinem Vater, Camille Mességué, daß sich Pflanzen und Kräuter wirksam für Gesundheit und Schönheit einsetzen lassen. Viele Menschen suchten im Laufe der Jahre seinen Rat, darunter zahlreiche prominente Persönlichkeiten aus dem öffentlichen Leben.

Durch seine zahlreichen veröffentlichten Bücher, die teilweise in über 20 Sprachen übersetzt wurden, ist er inzwischen weltbekannt.

Maurice Mességué lebt heute auf seinem Landsitz Domaine de Bazillac, F-32000 Auch, in Südfrankreich.

Maurice Mességué

Gesund und schön

mit meinen Kräutern
und Rezepturen

Badische Neueste Nachrichten • Badendruck GmbH

Impressum

Maurice Mességué, „Gesund und schön mit meinen Kräutern und Rezepturen“
Fachliche Bearbeitung: Dr. med. Karl Knauer, Arzt für Homöopathie
Ute Lösch-Hack, Heilpraktikerin und Lehrbeauftragte für Kosmetik

Redaktionelle Bearbeitung: Sabine Leikep

Übersetzung aus dem Französischen: Elisabeth Louit

Umschlaggestaltung: Peter Bernhardt, Grafiker

Fotos: Mességué/Karcher/Mayrhofer

1. Auflage 1.–20. Tausend

ISBN 3-927725-12-9

Satz, Druck und Bindearbeiten: Badendruck Karlsruhe.

Verlag: Badische Neueste Nachrichten
Badendruck GmbH, 7500 Karlsruhe 31

Inhaltsverzeichnis

Vorwort von Dr. med. Karl Knauer, Arzt für Homöopathie

Die Entwicklung der Kräuterheilkunde läßt sich über einen langen Zeitraum zurückverfolgen. Schon die alten Ägypter, Griechen, Römer und die Chinesen bedienten sich mittels Medizinmännern der vielfältigen Kraft der Heilkräuter.

Die Kräuterheilkundigen kannten nur aus Erfahrung und Prüfungen die heilsamen Wirkungen der Pflanzen, Kräuter, Wurzeln usw. Diese Methode können wir bis in die heutige Zeit verfolgen, da noch lange nicht alle Wirkstoffe der Pflanzen erforscht sind. Sicher würde es heute der **Umwelt** mehr dienen, wenn auf diesem Gebiet verstärkt geforscht würde, anstelle der Entwicklung von Chemikalien, die nicht entsorgt werden können.

Lange Zeit gerieten die Kräuter mit ihren heilsamen Wirkungen bei uns fast in Vergessenheit und wichen den – oft schwere Nebenwirkungen hervorrufenden – chemischen Mitteln, welche die Körperabwehr schwächen (**Immunität**) und chronische Krankheiten zur Folge haben.

Glücklicherweise besinnen sich in letzter Zeit wieder mehr Menschen auf die Apotheke der Natur. Bei kleineren Unpäßlichkeiten kann man sich sehr gut selbst in Form von Kräutertees helfen. Bei schwereren Erkrankungen sollte man sich auf jeden Fall von einem Arzt beraten lassen.

Dieses Buch soll ein Wegweiser für alle sein, welche die Heilkräfte der Pflanzen für ihr Wohlbefinden nutzen möchten. Dazu gehört der Einsatz von Kräutern zum Heilen von Krankheiten, zur Vorbeugung durch Stärkung des Organismus und die Verwendung von Kräutern zur Schönheitspflege und Erhaltung der Lebensfreude.

Maurice Mességué, der in Sachen Phytotherapie (Pflanzenheilkunde) auf eine langjährige Familientradition zurückblicken kann, gibt seine Kräuter-Rezepturen für Gesundheit und Schönheit preis.

Sein Vater, Camille Mességué, verstarb zwar sehr früh, jedoch hinterließ er dem kleinen Maurice einen bleibenden Eindruck von der Heilkraft der Pflanzen. Die hochinteressante Biographie von Maurice Mességué können Sie in seinem Buch “Von Menschen und Pflanzen” nachlesen.

Maurice Mességué, der auch oft der “französische Kräuterpapst” genannt wird, baute seine Rezepturen auf den Überlieferungen seiner Vorfahren auf, ohne jedoch die Erkenntnisse der modernen Forschung außer Acht zu lassen.

Auch in meiner Praxis wende ich seit Jahren die Erkenntnisse der Homöopathie und Phytotherapie an und registriere mit großer Freude jeden Erfolg.

Und nun wünsche ich Ihnen viel Freude bei der Lektüre dieses Buches, sowie viel Erfolg bei der Anwendung der ausgewählten Kräuterrezepturen.

Dr. med. Karl Knauer

Über Maurice Mességué und seine Kräuter

von **Ute Lösch-Hack,** Heilpraktikerin und Lehrbeauftragte für Kosmetik

Schon die Vorfahren von Maurice Mességué waren Experten in Sachen Kräuterheilkunde. Er kann auf eine über 300-jährige Familientradition zurückblicken. Bereits in jungen Jahren trat Maurice Mességué in die Fußstapfen seiner Großväter und seines Vaters, indem er begann, Menschen mit Kräutern zu behandeln (dies können Sie in seinem Buch "Von Menschen und Pflanzen" nachlesen).

Seine Erfolge auf dem Gebiet der Phytotherapie (Pflanzenheilkunde) brachten Maurice Mességué auch mit berühmten Leuten wie z.B. Konrad Adenauer, Winston Churchill, Aristoteles Onassis, König Farouk von Ägypten, Ali Khan, Francois Mauriac, Robert Schuman und Maurice Utrillo zusammen. Mit der Zeit wandten sich Menschen aus aller Welt mit ihren gesundheitlichen Problemen an Herrn Mességué, der in vielen Fällen auch helfen konnte.

Doch sein Erfolg rief auch Neider aufs Parkett. Immer wieder versuchten Ärzte – mit denen Maurice Mességué ja eine Zusammenarbeit anstrebte – ihm die Behandlung mit Kräutern und Pflanzen zu verbieten. Deshalb mußte er zahlreiche Gerichtsprozesse über sich ergehen lassen, aus denen er jedoch immer wieder als Sieger hervorging.

Maurice Mességué hat es immer abgelehnt, schwere Krankheiten wie Krebs, Tuberkolose, Multiple Sklerose und AIDS zu behandeln. Diese Patienten verwies er immer wieder an Ärzte. Auch bei allen hier beschriebenen Krankheiten ist die Kräuterbehandlung zusätzlich zur ärztlichen Behandlung vorgesehen und sollte nur mit dem Einverständnis des Arztes durchgeführt werden. Maurice Mességué stellt immer wieder klar, daß sich nicht alle Krankheiten wirksam mit Kräutern behandeln lassen.

Schon früh begann auch sein Kampf gegen die Zerstörung der Umwelt. Maurice Mességué hat erkannt, daß die Natur unser wertvollstes Gut ist. Mit ihrer Zerstörung wird auch der Mensch sterben.

Maurice Mességué betont immer wieder, daß es vor allem bei der Verwendung von Kräutern wichtig ist, daß diese nicht chemisch belastet sind. Sonst würden die Kräuter mehr schaden als nützen. Da es immer schwieriger wird, naturreine Kräuter zu bekommen, begann er, seine eigenen Kräuter anzubauen.

Diese Kräuter werden inzwischen weltweit exportiert. Sie werden artgerecht, auf dem für das jeweilige Kraut am besten geeigneten Boden angebaut. Die Kräuter werden von Hand geerntet und verlesen sowie luftgetrocknet. Auch auf eine Behandlung der Kräuter mit chemischen Mitteln gegen Insektenbefall während der Lagerung verzichtet man, damit die volle Wirksamkeit erhalten bleibt.

Da sich Rückstände, die von der allgemeinen Umweltverschmutzung herrühren, nicht ganz ausschließen lassen, werden die Kräuter vor dem Verkauf in unabhängigen Labors auf Rückstände an Chemikalien überprüft. Nur solche Kräuter, die das maximale Limit an Rückständen nicht überschreiten, werden an Endverbraucher weitergegeben. Zu stark belastete Kräuter werden vernichtet. Seit dem Reaktor-Unglück von Tschernobyl erfolgt auch eine Prüfung auf Radioaktivität.

Maurice Mességué hat erkannt, daß Schönheit und Gesundheit unmittelbar zusammenhängen. Er widmete sich immer mehr dem Thema "Schönheitspflege". Sein Motto lautet: "Schönheit von innen und außen". Das bedeutet, daß neben der Anwendung von Kosmetika mit Kräuterextrakten auch Kräutertees getrunken werden. In den meisten Fällen läßt sich dadurch das Hautbild verbessern. Viele Krankheiten, ob sichtbar oder versteckt, haben eine Verschlechterung des Hautbildes zur Folge. Eine gezielte Behandlung mit den entsprechenden Kräutertees bewirkt oft eine sichtbare Besserung. So führen zum Beispiel Stoffwechselstörungen zu unreiner Haut. In diesem Falle wird Maurice Mességué ein Kraut mit stoffwechselanregender Wirkung, wie z. B. die Löwenzahnwurzel empfehlen.

Maurice Mességué entwickelte die "Alternative Behandlungsmethode", die in zahlreichen Kosmetik-Studios und Schönheitsfarmen in einigen Ländern Europas angewendet wird. Dabei stehen nicht nur die Bedürfnisse der Haut im Vordergrund, sondern es wird dem Ganzheitsgedanken die größte Aufmerksamkeit gewidmet. Die Behandlung beinhaltet neben den speziellen Kräutertee-Mischungen bei bestimmten Problemen wie z.B. Cellulite, auch Ernährungsratschläge sowie Hand- und Fußbäder mit Kräutern. Der Erfolg ergibt sich aus der disziplinierten, regelmäßigen Anwendung.

Bekanntlich ist das Gesicht in unterschiedliche Zonen eingeteilt. Es gibt fette, trockene und unreine Hautpartien sowie Rosacea, mimisch gefährdete Partien, lokale Empfindlichkeiten und vieles mehr. Bei der alternativen Behandlungsmethode nach Maurice Mességué geht die Kosmetikerin ganz gezielt auf das lokale Bedürfnis der Haut ein.

Mit fein aufeinander abgestimmten Kräutermischungen wird je nach Hautbedürfnis behandelt. Die Kräuter entfalten ihre Wirkung in Form von Kräuterdampf und Kräuterkompressen oder als Zusatz in den von Maurice Mességué entwickelten Kräuter-Vital-Cosmetic-Produkten.

Die Kosmetikerin erhält eine spezielle Schulung, damit sie die Wirkungsbereiche und Konzentrationen der Kräuter sowie ihre Mineralien genau kennenlernt und die Kräuter, Ampullen, Masken, Cremes etc. entsprechend den unterschiedlichen Hauttypen anzuwenden versteht.

Für seine Erfolge und seine Arbeit auf dem Gebiet der Schönheitspflege erhielt der oftmals als "Kräuterpapst" bezeichnete Maurice Mességué den **Cosmetic-Oscar 1988.**

Maurice Mességué mit Cosmetic-Oscar

Kleine Kräuterkunde

Es ist ein schönes und nutzbringendes Hobby, Kräuter selbst zu sammeln. Sie sollten jedoch darauf achten, daß die Kräuter auf unbelastetem Boden gewachsen sind, der frei von Chemikalien ist.

Bei wildwachsenden Kräutern sollten Sie geschützte oder vom Aussterben bedrohte Arten überhaupt nicht pflücken. Bei allen Beständen sollten Sie darauf achten, daß Sie nur so viel nehmen, daß das Fortbestehen an dieser Stelle nicht vermindert wird.

Sie können die meisten Kräuter auch in Ihrem Garten anpflanzen. Dort müssen Sie natürlich auf Spritzen und chemische Behandlungen (auch in der Nachbarschaft der Kräuter) verzichten.

Die Wirkung der Kräuter beruht auf bestimmten Substanzen, wie z.B. ätherische Öle, Glykoside, Gerbsäure und andere Säuren, Bitterstoffe, Flavonoide, Vitamine etc.

Die Verteilung dieser Stoffe innerhalb der Pflanze ist unterschiedlich. Deshalb werden, je nachdem um welches Kraut es sich handelt, unterschiedliche Pflanzenteile verwendet.

Dazu muß man wissen, ob sich die Hauptwirkstoffe der jeweiligen Pflanze in den Blättern, Blüten oder Stengeln, in der Wurzel oder der Rinde befinden.

Hinweise auf den verwendeten Pflanzenteil finden Sie im folgenden Kapitel.

Auch der Zeitpunkt, wann die Kräuter gesammelt werden, ist für deren Wirksamkeit von Bedeutung:

Blüten sammelt man kurz bevor sie ihre Blätter verlieren und **Samen** kurz vor dem Ausfallen. **Stengel** sind am wirksamsten, wenn sie gerade vor dem ersten Austreiben der Blättchen gesammelt werden. Ganze **Pflanzenteile** und **Blätter** sind am wertvollsten, wenn sie vor der Blütezeit gesammelt werden. Wenn im Frühjahr der Saft zu steigen beginnt, dann ist die optimale Zeit, um die **Rinde** zu ernten. Beginnt das Kraut zu welken, ist es an der Zeit, die **Wurzeln** auszugraben.

Auch die Tageszeit der Ernte ist bei bestimmten Pflanzenteilen zu beachten:

Blüten sammelt man am besten vormittags, wenn sie nicht mehr vom Tau feucht sind. Zu diesem Zeitpunkt haben sie die größte Frische. Die **Blätter** oder das **ganze Kraut** haben sich am Nachmittag optimal mit Nährstoffen angefüllt, so daß man für die Ernte diesen Zeitpunkt wählen sollte. **Wurzeln** lassen sich am frühen Morgen oder nach einem Regenguß am leichtesten aus dem Boden entfernen.

Die gesammelten Kräuter sollten in einem luftigen Körbchen nach Hause gebracht werden. Beim Transport in einem Plastikbeutel fermentieren sie schnell und trocknen schlecht.

Wenn Sie die gesammelten Kräuter aufbewahren möchten, müssen diese getrocknet werden. Dabei darf man die Blätter, Blüten und Pflanzenteile auf keinen Fall waschen, da sie durch diesen Vorgang beschädigt und zur Fäulnisbildung angeregt würden. Wurzeln hingegen muß man auf jeden Fall waschen; sie erleiden dadurch keinen Schaden. Das Zerkleinern der Wurzeln beschleunigt und erleichtert den Trockenvorgang.

Um die Wirkstoffe der Kräuter zu erhalten, müssen diese unmittelbar nach der Ernte getrocknet werden. Dazu eignet sich ein luftiger Ort, ohne direkte Sonneneinstrahlung. Man breitet die Kräuter großflächig aus und wendet sie von Zeit zu Zeit, damit sie von allen Seiten Luft erhalten. Bewahren Sie die Kräuter nach dem Trocknen in dichten lichtundurchlässigen Behältern auf.

Die Haltbarkeit getrockneter Kräuter beträgt bis zu 3 Jahre. Nach 1½ bis 2 Jahren läßt die Wirksamkeit nach. Mein Tip: ältere Kräuter können Sie als Badezusatz verwenden. So werden sie rasch und nutzbringend aufgebraucht.

Die Inhaltsstoffe der Kräuter bleiben besser erhalten, wenn man diese unzerkleinert trocknet und aufbewahrt (Ausnahme: Wurzeln). Vor allem ätherische Öle verflüchtigen sich umso schneller, je stärker die Pflanze zerkleinert wird.

Andererseits gehen die Wirkstoffe bei zerkleinerten Pflanzenteilen besser ins Wasser über. Um eine optimale Wirkung von Kräutertees zu erzielen, ist es daher ratsam, die getrockneten Pflanzenteile unzerkleinert aufzubewahren und erst kurz vor der Teezubereitung zu zerkleinern. Blüten und Blätter können Sie zwischen den Fingern zerreiben. Früchte wie Anis, Fenchel, Wacholderbeeren etc. werden am besten im Mörser oder mit einer Gabel zerquetscht. Wurzeln werden ohnehin schon vor dem Trocknen zerkleinert und können in dieser Form für den Tee verwendet werden.

Aufbereitung der Kräuter für Gesundheit und Schönheit

Es gibt verschiedene Möglichkeiten, die Wirkstoffe der Kräuter für Gesundheit und Schönheit nutzbar zu machen.

Die unterschiedlichen Kräuter sollten erst kurz vor der Zubereitung gemischt werden, da bei vorbereiteten Mischungen die leichten Kräuter nach oben wandern und bei der Entnahme das Mischungsverhältnis verfälscht wird. Die Mengenangabe in meinen Rezepturen erfolgt in Prisen. 1 Prise ist die Menge, die Sie zwischen Daumen, Zeige- und Mittelfinger nehmen können (sh. Abb.).

Prise = Fingerspitze (= ca. 2 – 3 g)

Am häufigsten werden die Kräuter in Form des **Aufgusses (Infus)** extrahiert. Dazu übergießt man sie in einem feuerfesten Gefäß aus Porzellan oder Glas mit kochendem Wasser. Das Ganze abdecken und 3 – 5 Minuten ziehen lassen. Danach abseihen.

Es wurde bereits darauf hingewiesen, daß man die Kräuter vor dem Überbrühen zerkleinern soll, um möglichst viele Wirkstoffe herauszuziehen (sh. voriges Kapitel).

Wie bereits erwähnt, ist bei Wurzeln, Hölzern und Rinden eine **Abkochung (Decoct)** notwendig, um die größte Wirksamkeit zu erreichen. Dazu werden die Kräuter mit kaltem Wasser angesetzt und zum Kochen gebracht. Man kocht die Kräuter ca. 5 – 10 Minuten und läßt den Absud vor dem Abseihen kurz stehen.

Bei Teemischungen, die neben Wurzeln auch Blüten, Blätter oder Pflanzenteile enthalten, bereitet man zuerst den Absud zu und überbrüht damit dann die anderen Kräuter für den Aufguß.

Eine weitere Möglichkeit, Kräuter zu extrahieren ist der **Kaltauszug (Mazerat).** Dazu werden die Kräuter mit kaltem Wasser angesetzt und mehrere Stunden bei Zimmertemperatur stehen gelassen. Gelegentliches Umrühren verbessert die Qualität. Das Mazerat wird kalt getrunken oder leicht erwärmt. Diese Zubereitungsart eignet sich besonders für schleimhaltige Drogen wie z.B. Malvenblüten. Außerdem ist der Kaltauszug sinnvoll, wenn unerwünschte Wirkstoffe nicht in den Tee eingehen sollen. Gerbstoffe sind z.B. in kaltem Wasser nicht so gut löslich wie im warmen Wasser.

Die **äußerliche Anwendung** der Kräuter ist vor allem sinnvoll bei Verletzungen, Narben und zur Schönheitspflege. Nicht zu unterschätzen ist die Wirkung der Kräuter über die Haut. Hand-, Fuß- oder Vollbäder sind eine gute Möglichkeit, die Kräuterwirkstoffe aufzunehmen. Die Haut hat unzählige Poren, durch die Wirkstoffe aufgenommen werden; besonders sensibel sind Fußsohlen und Handinnenflächen. Machen Sie folgenden **Test:** Reiben Sie Ihre Fußsohle mit einer Knoblauchzehe ein und sie werden zwei Stunden später deutlich den Knoblauchgeschmack auf der Zunge wahrnehmen.

Ein **Kräuterbad** können Sie auf verschiedene Arten zubereiten: Entweder einen konzentrierten Absud oder Aufguß zubereiten und zum Badewasser geben oder die Kräuter in einen Mullbeutel füllen und direkt ins Badewasser geben. Genauso verfahren Sie bei Hand-, Fuß- oder Teilbädern.

Für **Hand- und Fußbäder** bereiten Sie je nach Problemstellung einen konzentrierten Absud zu und bewahren die Flüssigkeit auf. Jeden Morgen vor dem Frühstück ein 7 – 10-minütiges Fußbad bei 39° C darin machen und jeden Abend vor dem Abendessen die Hände darin baden. Diese Bäder können 5 Tage lang mit der gleichen Flüssigkeit durchgeführt werden, aber sie darf nie mehr zum Kochen gebracht werden und muß in einem Gefäß aus Glas, Porzellan, Email oder Edelstahl aufbewahrt werden. Bitte keinen Aluminiumtopf für diesen Zweck gebrauchen. Nach 5 Tagen wird das Bad weggeschüttet und ein neues Bad zubereitet. Die Kur kann über einen Zeitraum von 3 Wochen durchgeführt und eventuell nach einer 14-tägigen Pause wiederholt werden.

Die Kraft der Kräuter kann man auch in Form von **Dampfbädern** nutzen. Für ein Dampfbad geben Sie eine Handvoll Kräuter in ein breites Gefäß und überbrühen diese mit kochendem Wasser. Darüber halten Sie das Gesicht und hängen sich ein großes Handtuch über den Kopf, damit der Dampf nicht entweichen kann. Den Dampf inhalieren Sie ca. 10 Minuten. Diese Methode wird vor allem bei Atemwegserkrankungen oder zur Schönheitspflege angewandt.

Für die Schönheitspflege sind auch **Kräuterlotionen** und **Kräuterkompressen** sehr wirksam. Als Lotion kann man einen abgekühlten Absud oder Aufguß verwenden oder einen Kaltauszug. Für Kompressen wird ein Wattepad oder ein Mulltüchlein mit Lotion getränkt und auf die Haut aufgelegt.

Beschreibung meiner wichtigsten Kräuter

Auf den folgenden Seiten möchte ich Ihnen einen Überblick über die wichtigsten Kräuter geben.

In alphabetischer Reihenfolge werden die einzelnen Kräuter vorgestellt. Sie erfahren interessante Dinge wie Herkunft und heutige Anbaugebiete der Kräuter, Aussehen und besondere Merkmale, Blüte- und Erntezeit, Inhaltsstoffe und einen Überblick über die heilenden Wirkungen der einzelnen Kräuter.

Außerdem wird kurz aufgezeigt, in welcher Form sich die Kräuter bei Schönheitsproblemen einsetzen lassen.

Detaillierte Informationen und Rezepturen zur Behandlung von Krankheiten und zur Schönheitspflege finden Sie in den folgenden Kapiteln.

Lavendelernte in Südfrankreich

ANIS *(Pimpinella anisum)*

Der aus dem Orient stammende Anis wächst heute auch in unseren Gärten. Die Anis-Pflanze ist eine Bibernellen-Art aus der Familie der Doldengewächse, die bis zu 50 cm hoch wird. Sie liebt einen kräftigen, kalkhaltigen und trockenen Boden.

Aus den doldenförmig angeordneten, weißen oder rosa Blüten entstehen kleine, graubraune Früchte. Diese sind behaart und an den Seiten etwas gerillt. Man erkennt den Anis auch leicht an seinem aromatischen Duft. Erntezeit für die Früchte ist der Monat August.

In der Küche wird Anis als Gewürz für Brot, Kuchen und Gebäck verwendet. Dadurch werden die Backwaren leichter verdaulich.

Die Früchte haben einen hohen Gehalt an ätherischen Ölen.

Für die Gesundheit:

Anisfrüchte eignen sich in Form von Tee als mildes Hustenmittel, das beruhigend wirkt. Wegen des guten Geschmacks ist dieser Tee besonders für Kinder geeignet.

Anis hat eine krampflösende, schleimlösende, schmerzstillende und stark blähungstreibende Wirkung und ist deshalb auch bei Verdauungsstörungen, Magen- und Darmkrämpfen, Blähungen und Menstruationsbeschwerden hilfreich. Bei stillenden Frauen regt er die Milchproduktion an.

Damit sich die Wirkstoffe besser entfalten können, empfiehlt es sich, die Anisfrüchte kurz vor der Zubereitung des Tees zu zerstoßen.

Zur äußerlichen Anwendung sind mit dem Aufguß getränkte Wickel oder Kompressen bei Blutergüssen und Milchstauungen bei stillenden Müttern zu empfehlen.

Für die Schönheit:

Durch die homöopathische Mineralkombination von Natrium, Kupfer, Eisen und Kieselsäure ist Anis in der Schönheitspflege gut einsetzbar zur Behandlung von Rosacea und fetter Haut.

Innerlich angewendet, bewirkt der Anis eine Förderung des Zellstoffwechsels und gewährleistet den besseren Abtransport von Schlackenstoffen. Außerdem kräftigt sich das Blut- und Lymphsystem und die Verdauungsorgane, speziell Leber, Galle und Darm erfahren eine mild anregende Wirkung. Durch die daraus resultierende Befreiung des Lymphsystems von Giftstoffen erhält die Haut ein klares und gleichmäßig durchblutetes Aussehen.

BASILIKUM *(Ocimum basilicum)*

In seinem Herkunftsland Indien wurde früher das Basilikum als Zauberkraut angesehen. Heute ziert diese kleine, buschartige Pflanze auch unsere Gärten und erreicht eine Höhe von 20 - 40 cm.

Das Basilikum zählt zur Familie der Lippenblütler (Labiate). Man erkennt es an seinen länglichen Blättern und den kleinen, ährenförmig angeordneten weißen oder rosafarbenen Blüten, die in Scheinquirlen angeordnet sind.

Die Ernte erfolgt hauptsächlich zu Beginn der Blütezeit in den Monaten Juli und August.

Der wichtigste Wirkstoff der Pflanze ist ätherisches Öl, das ihm auch den charakteristischen Duft verleiht.

Deshalb ist Basilikum ein aromatisches Gewürz für Suppen, Soßen, Geflügel- und Fleischgerichte. Die frischen, gehackten Blätter verleihen auch Salaten ein gutes Aroma.

Für die Gesundheit:

Basilikum hat eine beruhigende, schmerzstillende und schweißtreibende Wirkung, wirkt antiseptisch auf den Darm und krampflösend auf den Magen und bietet viele Anwendungsmöglichkeiten. Es wird in Form von Tee verwendet bei Magenkrämpfen, sowie zur Förderung der Milchbildung. Auch bei Nervenschwäche, nervösen Kopfschmerzen und Migräne leistet dieses Kraut gute Dienste. In der äußerlichen Anwendung hilft ein konzentrierter Basilikum-Absud bei Mundfäule.

Für die Schönheit:

Basilikum-Kompressen helfen bei trockener, rissiger Haut, Schuppenflechte, und Herpes-Bläschen.

Durch den homöopathisch dosierten Gehalt an Kupfer und Calcium bewirkt Basilikum eine Stärkung der Gefäßwände und wirkt somit der Couperose entgegen.

BOHNENKRAUT *(Satureja montana)*

Diese Pflanze stammt aus dem Mittelmeergebiet, hat inzwischen aber bei uns eine zweite Heimat gefunden. Bohnenkraut zählt zur Familie der Lippenblütler (Labiate).

Die stark verzweigte Wurzel bringt buschige, ebenfalls verzweigte Stengel hervor, die behaart sind. Die Pflanze erreicht eine Höhe von ca. 20 – 30 cm.

Von Juli bis Oktober bilden sich in den oberen Blattachseln kleine Scheinähren, die aus rosafarbenen bis zart violetten, manchmal auch weißen Blüten bestehen. Sie verbreiten einen aromatischen Duft.

Verwendet wird das blühende Kraut, das zu Beginn des Sommers geerntet wird.

Als wichtigste Inhalts- bzw. Wirkstoffe sind ätherisches Öl und Gerbstoffe zu nennen.

Bohnenkraut ist ein beliebtes Gewürz für Hülsenfrüchte, Kartoffeln und verschiedene Kohlsorten, da es diese Gemüse leichter verdaulich macht. Mayonnaisen, Salate und Tomatensoße können mit Bohnenkraut geschmacklich verbessert werden, ebenso Wurstteig und Fleischgerichte.

Für die Gesundheit:

In Form von Tee wirkt Bohnenkraut stimulierend auf den Intellekt und die Sexualität, sowohl bei Männern als auch bei Frauen. Außerdem wirkt es gegen Müdigkeit, Antriebsschwäche und Überarbeitung. Es ist lindernd bei Durchfall, sowie wirksam bei Koliken und Störungen im Verdauungstrakt, denn es wirkt Fermentationen entgegen und regt die Verdauungssäfte an.

Äußerlich angewendet wirkt eine Kompresse mit Bohnenkraut-Absud schmerzlindernd bei Insektenstichen und läßt die Schwellung zurückgehen. Ein Badezusatz aus konzentriertem Absud lindert Rheumaschmerzen und wirkt entspannend bei Nervosität. Bei Halsschmerzen verschafft Gurgeln mit starkem Absud Erleichterung.

Für die Schönheit:

Bohnenkraut besänftigt sensible Haut und wirkt Lymphstauungen entgegen. Tränensäcke bilden sich bei ausdauernder, regelmäßiger Anwendung von Kompressen allmählich zurück.

Bei innerer und äußerlicher Anwendung von Bohnenkraut-Aufguß verschwinden Hautunreinheiten in der unteren Gesichtshälfte allmählich.

CITRONELLE *(Cymbopogon citratus)*

Die Citronelle ist ein in tropischen Gegenden wachsendes Gras mit breiten, langen Blättern und stark aromatischem Duft. Sie wird heute in Indien, Ceylon, Mittelamerika und Afrika angebaut. Von den Engländern wird die Pflanze Lemon-grass genannt, wegen ihres starken Zitronenduftes.

Aufgrund ihres aromatischen Duftes eignen sich die Blätter hervorragend zur Geschmacksverbesserung von anderen Kräutertees. Citronelle vertreibt Insekten und wird auch zur Herstellung von Parfüm verwendet.

Citronelle enthält unter anderem Geraniol und verschiedene Terpene.

Für die Gesundheit:

Citronelle regt die Verdauung an, wirkt antiseptisch und wundheilend auf den Darm und ist deshalb besonders bei hartnäckiger Colitis und Darmentzündungen hilfreich.

Für die Schönheit:

Die Citronelle findet in Form von Kompressen Anwendung bei Pigmentstörungen, mit Ausnahme von Sommersprossen.

Das Kraut hat eine normalisierende Wirkung auf die Melanozyten (melaninbildende Zellen) ohne dabei zu bleichen.

EISENKRAUT *(Lippia citriodora)*

Dieses strauchförmige Gewächs gehört zur Familie der Verbenen und ist in Südamerika beheimatet. Es wird deshalb auch "Südamerikanisches Eisenkraut" oder "Vervene" genannt. Inzwischen hat sich dieses Kraut auch in Südfrankreich und Nordafrika akklimatisiert. Es ist nicht zu verwechseln mit dem in Deutschland wild und häufig vorkommenden offizinalen Eisenkraut (lat. Verbena Officinalis), das völlig geruchlos ist.

Man findet das Eisenkraut wegen seines dekorativen Aussehens auch oft als Zierpflanze. Um den langen Stiel sind große, längliche Blätter in Dreier-Gruppen angeordnet. Die Blätter verströmen einen betörenden Zitronenduft, wenn man sie zerreibt. Von Juli bis September zieren kleine, zarte, violettfarbige Blüten den Stiel.

Die Blätter eignen sich hervorragend zur Geschmacksverbesserung von anderen Kräutertees.

Im Juli und August ist die günstigste Zeit für die Ernte der Blätter.

Wirksame Bestandteile des Eisenkrautes sind Bitterstoff, Gerbstoff, Schleim und das Glykosid Verbenalin.

Für die Gesundheit:

Ein Aufguß aus Eisenkraut wird verwendet bei schlechter Verdauung, die meist in Verbindung mit Magenschmerzen auftritt. Es regt den Appetit an und wirkt krampflösend auf den Magen.

Auch gegen Migräne, Schwindelgefühle, Herzklopfen, Ohrensausen, und bei nervöser Erschöpfung hilft der angenehm schmeckende Aufguß aus den Blättern des Eisenkrauts.

Für die Schönheit:

Eisenkraut läßt sich aufgrund seines hohen Gehalts an Mineralstoffen, wie z.B. Calcium, Eisen, Magnesium etc. auch in der Kosmetik vielfältig einsetzen.

Eine Verbesserung erzielt man mit Hilfe von Eisenkraut bei erweiterten Blutgefäßen und Besenreisern. Es unterstützt den interzellularen Stoffwechsel und führt dadurch den Zellen lebensnotwendige Substanzen wie Sauerstoff, Nährstoffe und Mineralien zu. Dieses Kraut steigert die Abwehrkraft der Hautzellen gegen Bakterien und Pilze und bewirkt ein frischeres Aussehen der Haut.

ENZIAN *(Gentiana lutea)*

Der Enzian dürfte jedem Natur- und Wanderfreund bekannt sein. Man findet ihn überall in den höheren Gebirgen. Die Pflanze ist verbreitet von den Alpen bis Kleinasien. Es gibt mehrere Enzianarten. Wir möchten uns hier auf den gelben Enzian beschränken, der für Heilzwecke am häufigsten verwendet wird.

Vorsicht: Der gelbe Enzian darf nicht mit dem giftigen **weißen Germer (Nieswurz),** lat. Veratrum album, verwechselt werden. Die Standorte sind genau die gleichen; die Pflanzen stehen sogar oft nebeneinander. Aber der gelbe Enzian hat **gegenständige** Blätter, der weiße Germer **wechselständige** Blätter.

Der gelbe Enzian wird vor allem von Wurzelprozessen beherrscht. Die kräftige, ausdauernde Wurzel, die tief in den Boden greift, treibt zuerst eine krautähnliche Blattrosette, die nach dem Winter aus der Erde herauswächst.

Die Pflanze besteht 7 – 15 Jahre lang nur aus Wurzel und Blattrosette. Erst nach dieser "Wartezeit" wächst ein kräftiger Stengel empor, der sich Schritt für Schritt, paarweise mit ovalen, gegenständigen Blättern besetzt, emporarbeitet. Der Stengel wird oft über einen Meter hoch und im oberen Drittel entstehen goldgelbe Blüten.

Die Pflanze wird bis zu 60 Jahre alt und bringt nur alle 4 – 8 Jahre einen Blütenstengel hervor.

Deshalb gleich ein **wichtiger Hinweis:**
Der Enzian ist vom Aussterben bedroht. Bitte nicht selber sammeln. Im Handel werden die getrockneten Wurzeln angeboten, die aus gezüchteten Enziankulturen stammen. Die Wurzeln sind 50 cm bis 100 cm lang und werden zum Trocknen zerkleinert.

Die Enzianwurzel enthält Bitterstoffe in hoher Konzentration. Deshalb dient sie auch als Basis für einige Bitter-Aperitifs. Nicht zu vergessen ist auch der berühmte Enzian-Branntwein.

Für die Gesundheit:

Innerlich wird die Enzianwurzel in Form von Aufguß, Abkochung oder Mazeration angewandt. Sie regt allgemein die Verdauungstätigkeit an und hilft gegen Sodbrennen. Auch bei Leber- und Darmbeschwerden, sowie gegen Darmschmarotzer, ist die Wurzel hilfreich. Sie wirkt bei Fieber und erleichtert das Ausscheiden des Harns. Ein Enzianwurzel-Aufguß, vor dem Essen getrunken, wirkt appetitanregend und anregend auf den gesamten Stoffwechselvorgang.

In der äußerlichen Anwendung wirkt der Absud als stärkendes Fußbad.

Bitte achten Sie bei der innerlichen Anwendung darauf, daß Sie keine zu starke Dosis nehmen. Sonst könnte es aufgrund der hohen Wirksamkeit der Enzianwurzel zu Brechreiz und Verstopfung kommen. Wir empfehlen, daß Sie sich genau an die im Rezeptteil angegebene Dosierung halten.

Enzian sollte man **nicht** anwenden bei Neigung zu Wallungen und Blutstauungen sowie bei erhöhter nervöser Reizbarkeit und Kopfschmerzen.

Für die Schönheit:

Kompressen mit einem Absud von Enzianwurzel verfeinern die Poren und kräftigen das Bindegewebe. Innerlich angewandt, begünstigt ein Enzianwurzelabsud den Schlackenabtransport im Gewebe, was sich vor allem bei Cellulite günstig auswirkt.

ERDBEERBLÄTTER *(Fragaria vesca)*

Die Erdbeerpflanze zählt zur Familie der Rosengewächse. Die kleine niedrige Pflanze ist langlebig und breitet sich durch Schößlinge aus. Ihre dreilappigen, glänzend grünen Blätter haben eine geäderte Oberfläche. Die Unterseite ist blaß und behaart. Die gelblich-weißen, manchmal ins rosa gehenden Blüten, haben fünf Blütenblätter. Die aromatisch schmekkenden roten Früchte dürften jedem bekannt sein. Man erntet Sie von Juni bis September.

Wegen ihres reichen Vitamin-C- und Mineralsalzgehalts sollten die Früchte in keiner Küche fehlen. Man ißt die Erdbeeren pur oder verwendet sie zur Bereitung leckerer Desserts, z.B. mit Quark oder Sahne. Aber verwenden Sie bitte keinen Zucker, da dieser die Vitamine zerstört. Zum Süßen empfiehlt sich ein wenig Honig.

Doch nicht nur die allseits beliebten Früchte, sondern auch die grünen Blätter der Erdbeerpflanze sind für den Menschen nützlich.

Die Erdbeerblätter enthalten Gerbstoffe, Flavonoide und ein wenig ätherisches Öl.

Für die Gesundheit:

Der angenehm schmeckende Aufguß aus Erdbeerblättern ist harntreibend und empfehlenswert bei Rheuma und Gicht, sowie bei Entzündungen von Leber, Nieren und Harnwegen. Auch bei Durchfall und unregelmäßiger Darmfunktion ist dieses Getränk von Nutzen.

Außerdem fördern die Erdbeerblätter die Tätigkeit des Lymphsystems und wirken blutreinigend, sowie beruhigend auf das Nervensystem.

Bei Angina verschafft das Gurgeln mit einem Absud aus Erdbeerblättern Erleichterung.

Für die Schönheit:

In Form von Kompressen werden Erdbeerblätter bei Furunkeln, Hautrissen und Ekzemen verabreicht.

Durch die beruhigende Wirkung auf das Nervensystem erzielt man ausgezeichnete Erfolge bei Teleangiektasien, Couperose und roten Flecken.

ESCHE *(Fraxinus excelsior)*

Die Esche gehört zur Familie der Ölbaumgewächse und ist verwandt mit dem Olivenbaum.

Früher wurden die Blätter dieses edlen Baumes oft wegen ihrer entwässernden Wirkung eingesetzt. Es wäre an der Zeit, daß die Esche wieder zu ihrem einstigen Ansehen kommt.

Die Eschenblätter enthalten unter anderem Gerbstoffe, Mineralstoffe, Apfelsäure und Zuckerverbindungen, sowie verschiedene Vitamine.

Für die Gesundheit:

Die Eschenblätter gelten als ausgezeichnetes Diuretikum, d. h. sie wirken harntreibend und werden deshalb gegen Rheuma, Gicht, Harnsteine und bei ungenügender Harnabscheidung angewandt. Auch bei Darmträgheit und zu hohen Cholesterinwerten hilft die Esche.

Für die Schönheit:

Wegen Ihrer stark entwässernden Wirkung werden die Eschenblätter häufig in Form von Tees zur Cellulitebehandlung eingesetzt.

Als Kompressen wirken die Eschenblätter in Verbindung mit anderen Kräutern bei trockener, sensibler Haut.

EUKALYPTUS *(Eucalyptus globulus)*

Der aus Australien stammende Eucalyptus wurde Mitte des 19. Jahrhunderts ins Mittelmeergebiet eingeführt. Er zählt zu den Myrtengewächsen. Man nennt ihn auch "Blauer Gummibaum". Dieser kugelförmige Baum erreicht dort eine Höhe von nur 30 – 35 m, während er im Ursprungsland bis zu 100 m hoch werden kann.

Er wurde um 1860 in Südfrankreich in der sumpfigen Gegend der Mittelmeerküste angepflanzt, um die Feuchtigkeit des Bodens aufzusaugen und die Gegend von den Mückenplagen zu befreien, die dort vorher jedes Jahr auftraten.

Man erkennt ihn leicht an den lanzenförmigen Blättern, die mit einer Wachsschicht überzogen sind. Die eigentümlichen Blüten sehen aus wie eine Monstranz und werfen zur Blütezeit die deckelförmigen Blütenkronen ab.

Charakteristisch ist der aromatische, starke Geruch des Eukalyptus. Der Baum zeichnet sich durch sein rasches Wachstum aus.

Verwendet werden die älteren Blätter, da diese mehr wirksame Bestandteile enthalten. Hauptbestandteil ist das kräftige Eukalyptol. Die Blätter enthalten auch reichlich Gerbstoffe, Triterpene und Flavonoide.

Für die Gesundheit:

Ein Aufguß mit Eukalyptusblättern ist besonders wirksam gegen anhaltendes Fieber, Asthma, Bronchitis, Angina und Schnupfen. Auch bei Harnwegsbeschwerden erweist sich der Eukalyptus als wirksam. Eine weitere interessante Wirkung der Eukalyptusblätter ist die Senkung des Blutzuckerspiegels, was sich vor allem bei Diabetes als hilfreich erweist.

Achtung: Bei Erkrankungen von Leber und Galle oder im Magen-Darm-Bereich sollten Eukalyptuszubereitungen nicht angewandt werden!

Äußerlich angewendet, als Zusatz zu Hand-, Fuß- oder Sitzbädern, kräftigt Eukalyptus das Nervensystem, beruhigt bei Migräne und bringt Blutergüsse zum Stillstand. Eukalyptusbäder wirken kreislaufanregend und entspannend auf den gesamten Organismus.

Für die Schönheit:

Ein kalter Aufguß in Form von Kompressen festigt die Epidermis und fördert die Vernarbung von kleinen Wunden.

FENCHEL *(Foeniculum dulce)*

Diese aus Südeuropa stammende Pflanze wird etwa seit dem 9. Jahrhundert nach Christi auch im europäischen Raum angebaut. Der Fenchel zählt zur Familie der Doldenblütler und wird 1-2 m hoch.

Im ersten Jahr besteht die Pflanze nur aus der spindeligen, fleischigen Wurzel und ein wenig Blattwerk am Boden. Erst im zweiten Jahr entfaltet sie sich zu ihrer vollen Größe. An dem emporwachsenden, runden gerillten Stengel sitzen die feinzerteilten Blätter.

Von Juli bis September erscheinen die gelben Blüten, die doldenförmig angeordnet sind. Aus den Blüten entstehen die gelbbraunen, länglichen Früchte, auf denen braune Ölstriemen sichtbar sind. Zu den wichtigsten Merkmalen des Fenchel zählt auch sein wohltuender, aromatischer Geruch.

Die Früchte enthalten ätherisches Öl und fettes Öl, sowie Flavonoide, Proteine und organische Säuren.

Fenchelkörner eignen sich hervorragend als Küchengewürz. Die Früchte geben Fleisch, Suppen und Käse einen feinen Geschmack. Auch als Gewürz für Sauerkraut sind Fenchelsamen zu empfehlen.

Aufgrund seines milden, wohlschmeckenden Aromas eignet sich Fenchel sehr gut für Kinder. Man sagt ihm krampfstillende, ja sogar leicht narkotische Eigenschaften nach.

Bitte vor der Teebereitung die Fenchel-Früchte zerstoßen oder zerquetschen, damit die Wirkstoffe besser freigesetzt werden.

Für die Gesundheit:

Neben seiner schleim- und krampflösenden Wirkung bei Husten und Bronchitis wirkt Fenchel anregend auf den Verdauungstrakt, d. h. er ist verdauungsfördend und wirkt der Gasbildung entgegen. Er wird daher bei Neigung zu Blähungen besonders geschätzt. Bei stillenden Müttern fördert Fencheltee die Milchbildung. Zur Vorbeugung gegen Grippe empfiehlt sich das Kauen der Samenkörner.

In der äußerlichen Anwendung hat sich Fenchel bewährt bei Augen- und Bindehautentzündungen, Kopfschmerzen und Migräne.

Für die Schönheit:

Durch seinen hohen Kaliumgehalt wirkt Fenchel gegen Wasseransammlungen (Ödeme) in allen Bereichen des Körpers, z.B. an Augenlidern oder Knöcheln. Fahle, graue Gesichtshaut bessert sich durch die innere und äußerliche Anwendung von Fenchel.

GÄNSEBLÜMCHEN *(Bellis perennis)*

Wer kennt nicht das Gänseblümchen, das vom Frühjahr bis in den Herbst unsere Wiesen und Felder ziert? Man findet es in Mitteleuropa fast überall. Selbst im Winter blühen die Blümchen noch auf schneefreien Wiesen.

Das Pflänzchen gehört zur botanischen Familie der Korbblütler. Auf dem schlanken, blattlosen Stengel sitzt die Blüte, deren Mittelpunkt eine goldgelbe Scheibe bildet, die von weißen, länglichen Blättchen umrahmt ist.

Diese hübschen Blüten erfreuen nicht nur das Auge sondern werden auch für Heilzwecke verwendet. Sie enthalten Saponin, Gerbstoff, Harz, ätherisches Öl, Zucker, Schleim, Eiweiß, Bitterstoff sowie verschiedene Säuren.

Für die Gesundheit:

Gänseblümchen eignen sich hervorragend für eine Blutreinigungskur. Auch für die Leber sind sie eine Wohltat. Außerdem wirken sie schleimlösend auf Luftwege und Bronchien, sowie zellerneuernd und regenerierend. Das Gänseblümchen wirkt günstig bei erhöhtem Blutdruck und Wasseransammlungen im Körper. Die frischen Blätter und Blüten können fein gehackt als Kompressen bei Verstauchungen und Furunkeln gebraucht werden.

Für die Schönheit:

Der lateinische Name "Bellis perennis" bedeutet "für immer schön" und weist schon auf den Einsatz des Gänseblümchens in der Kosmetik hin.

Innerlich und äußerlich angewendet ist das Gänseblümchen ein wertvoller Helfer gegen unreine Haut. Schlecht durchblutete Haut ist für dieses Kraut dankbar. Auch bei Neigung zu Allergien wirkt sich das Gänseblümchen positiv aus.

GRÜNER TEE *(Camellia the oder Camellia sinensis)*

Der grüne Tee stammt vom selben Strauch wie der schwarze Tee (Beschreibung sh. Schwarzer Tee). Der Unterschied besteht in der Behandlung der Blätter nach der Ernte. Während der Schwarze Tee fermentiert wird, unterbleibt dieser Vorgang beim Grünen Tee. Stattdessen werden die Blätter zur Bereitung von Grünem Tee vor dem Trocknen mit Wasserdampf behandelt. Dadurch werden die Enzyme inaktiviert.

Der Aufguß mit Grünem Tee hat eine hellgelbe Farbe und schmeckt leicht herb. Um ein optimales Geschmacksergebnis zu erzielen, sollte der Tee nicht mit kochendem Wasser überbrüht werden (Wasser nach dem Kochen einige Sekunden abkühlen lassen).

Der Gehalt an Gerbstoffen und Coffein entspricht beim Grünen Tee in etwa dem Schwarztee. Außerdem enthält der Grüne Tee Mineralstoffe wie Kalium, Mangan, Fluor und Vitamine.

Für die Gesundheit:

Dieses wohlschmeckende Getränk wirkt anregend und stärkt die körpereigene Abwehr.

Grüner Tee wirkt blutdrucksenkend und harntreibend und hat eine vorbeugende Wirkung gegen Nieren- und Blasensteine, Gicht und Rheuma.

HEIDEKRAUT *(Calluna vulgaris)*

Man findet diesen Zwergstrauch in ganz Europa auf der Heide, in Hochmooren und auf Dünensand. In Deutschland ist die Pflanze unter dem Namen “Erika” bekannt.

Das kleine, buschförmige Gewächs bedeckt arme Böden großflächig und gibt damit kargen Gegenden einen besonderen Reiz.

Die dichten Büsche bestehen aus verholzten, niedrigen Stengeln, die mit immergrünen, nadelförmigen Blättern bedeckt sind. Sie erreichen eine Höhe von 20 – 100 cm.

Wegen ihrer schönen rötlich-violetten, manchmal auch weißen Blüten, die traubenförmig angeordnet sind, ist Heidekraut eine beliebte Zierpflanze für Gärten, Friedhöfe, Parkanlagen etc.

Die Blütezeit ist im Sommer und im Herbst. Man erntet das Kraut am besten zu Beginn der Blütezeit.

Das Heidekraut enthält Arbutin, Gerbsäure und diverse andere Säuren.

Für die Gesundheit:

Innerlich angewendet, wirkt Heidekraut als Aufguß schmerzstillend auf die Harnwege, unter anderem bei Nierenkoliken, Harnblasenentzündung und Harnwegsentzündungen. Auch bei Rheuma und Hautkrankheiten wirkt diese Pflanze hervorragend. Bei Flechten und Akne trägt sie zur Heilung bei. Vor den Mahlzeiten getrunken, wirkt Heidekraut appetitanregend.

Für die Schönheit:

Die innere und äußere Anwendung von Heidekraut hilft bei der Heilung von Ekzemen, roten Flecken und Flechten. Der Tee wirkt auch vorbeugend gegen die Bildung von Grieskörnern und reinigt das Bindegewebe, was wiederum vorbeugend gegen Cellulite wirkt.

Heidekraut wird ebenfalls eingesetzt bei Couperose, Seborrhöe oleosa, Rosacea und Akne.

RÖMISCHE KAMILLE *(Anthemis nobilis)*

Von der Kamille gibt es verschiedene Arten. Ich empfehle die römische Kamille, die auch "Edle Kamille" genannt wird. Diese Kamillenart ist in Frankreich und England heimisch und unterscheidet sich von der normalen Kamille vor allem durch ihr Aussehen. Die Blütenköpfe sind größer und sehen schöner aus, da sie auch wesentlich voller sind. Sie haben Ähnlichkeit mit kleinen Margariten.

Diese Pflanze wächst büschelweise und liegt oft auf dem Boden auf, vor allem bei sandigem Untergrund. Sie erreicht eine Höhe von 10 – 30 cm.

Der ausströmende starke, angenehme Geruch ist charakteristisch für die römische Kamille.

Geerntet werden die Blüten, die sich von Mai bis August öffnen.

Hauptbestandteil der Kamille ist das ätherische Kamillenöl, das wegen seiner tiefblauen Farbe auch Azulen genannt wird.

Für die Gesundheit:

Die Blüten der römischen Kamille sind ein traditionelles Heilmittel und bieten sowohl innerlich als auch äußerlich vielfältige Anwendungsmöglichkeiten.

So wirkt ein Kamillentee, vor dem Essen getrunken, appetitanregend, während er, genießt man ihn nach den Mahlzeiten, Wunder wirkt bei schlechter Verdauung, Magenkrämpfen und Blähungen. Die krampflösende und stimulierende Wirkung der Kamille trägt auch wesentlich bei zur Linderung von Kopfschmerzen, Grippe, Zahnschmerzen, Nervosität und schmerzhafter Menstruation. Ein beginnender Schnupfen kann durch die desinfizierende Wirkung eines Kamille-Aufgusses verhindert werden.

Äußerlich angewendet, verschafft die römische Kamille, in Form von Bädern, Kompressen und Waschungen, Linderung bei Hautentzündungen, Furunkeln, Flechten, Ekzemen und Verbrennungen. Gegen Muskelschmerzen hilft die Massage mit Olivenöl, in dem man die Blüten der römischen Kamille einige Zeit ziehen läßt.

Für die Schönheit:

Die römische Kamille hilft bei allen entzündlichen und eiternden Hauterscheinungen, wie z.B. Pusteln, Pickeln, Furunkeln etc., zur innerlichen und äußerlichen Desinfektion.

Dieses Kraut läßt sich hervorragend zur Behandlung von empfindlicher Haut einsetzen. Die Epidermis wird gefestigt und die Spannkraft erhöht.

KERBEL *(Anthriscus cerefolium)*

Innerhalb der großen Familie der Doldengewächse gibt es mehrere Pflanzen, die als Kerbel bezeichnet werden. Da einige davon giftig sind (Schierling), sollte man nur den gezüchteten Kerbel verwenden. Man erkennt ihn beim Zerreiben der Blätter an seinem charakteristischen Geruch.

In der Küche stellt der Kerbel eine Bereicherung dar. Er enthält Vitamine, ist reich an Eisen und verbessert den Geschmack der Speisen durch seinen zarten Duft. Kerbel eignet sich als Gewürz für Vorspeisen, Gemüse, Fleisch- und Fischgerichte, Salate, Eierspeisen und Suppen.

Für die Gesundheit:

Zusammen mit anderen Kräutern verwendet man Kerbel im Aufguß gegen Gicht und Rheuma. Beginnende Gelbsucht und chronische Hautkrankheiten lassen sich mit Kerbeltee behandeln. Dabei wirkt sich die leicht harntreibende Eigenschaft positiv aus.

Kerbel ist hilfreich bei Ekzemen, da er den interzellularen Stoffwechsel anregt. Die Durchblutung der Haut wird verbessert, dadurch erhält sie ein frisches, rosiges Aussehen.

Äußerlich angewendet hilft eine mit Kerbel-Aufguß getränkte Kompresse bei Reizungen oder Entzündungen des Auges.

Zerkleinerter Kerbel verschafft Linderung bei Insektenstichen, Prellungen und Frostbeulen.

Für die Schönheit:

Bei Rosacea bringt der regelmäßige Genuß von Kerbeltee Besserung.

KIRSCHENSTIELE *(Stipites Prunus cerasus)*

Es erübrigt sich wohl, hier den Kirschenbaum zu beschreiben, der uns im Frühjahr mit seinen hübschen, duftenden Blüten erfreut. Überall beliebt sind seine roten, süßen Früchte. Der Kirschbaum gehört zur Familie der Rosaceae-Gewächse.

Beim Genuß der Kirschen kommt wohl kaum jemand auf den Gedanken, daß auch die harten Stiele nützlich sein könnten. Meistens werden sie achtlos weggeworfen.

Dabei wußten bereits unsere Großmütter um die heilsame Wirkung eines Absudes aus Kirschenstielen. Damit wurden fiebrige Erkältungskrankheiten bekämpft.

Als wirksame Substanz der Kirschenstiele ist Gerbstoff bekannt.

Für die Gesundheit:

Die stark harntreibenden Kirschenstiele sind ein hervorragendes Hilfsmittel bei Nieren- und Blasenbeschwerden. Auch bei Durchfall und Stoffwechselstörungen empfiehlt sich der Kirschenstiele-Tee. Die Stiele wirken auch bei Harn- und Nierensteinen, Harnwegsentzündungen, Gicht und Rheuma. Bei Wasseransammlungen im Gewebe und bei Cellulite wirken sie entwässernd.

Für die Schönheit:

Kirschenstiele haben eine regenerierende Wirkung auf das Blutgefäßsystem. Sie werden in Form eines Tee-Aufgusses angewandt, der auch die Hautdurchblutung verbessert und Rötungen verblassen läßt.

Durch die harntreibende Wirkung der Kirschenstiele können alle kosmetischen Anomalien, die mit einer Bindegewebsverschlackung einhergehen, damit behandelt werden.

LAVENDEL *(Lavandula officinalis)*

Der Lavendel ist im Mittelmeergebiet heimisch und liebt sonnige, trockene Hänge. Selbst auf steinigen Böden gedeiht diese Pflanze mit den stark verästelten Zweigen. Der 20 bis 60 cm hohe Halbstrauch ist mit schmalen, lanzettenförmigen Blättern besetzt, die gegenständig angeordnet sind. Von Juli bis September erhält der Lavendelstrauch ein prächtiges Aussehen durch die ährenähnlich angeordneten, blauen bis grauvioletten Blüten. Lavendel zählt zur Familie der Lippenblütler.

Der Lavendel wird schon von alters her kultiviert, vor allem wegen seines angenehmen Duftes. Man findet ihn oft in Gärten und Parkanlagen.

Dank seines wohlriechenden ätherischen Öls wird der Lavendel als Geruchsstoff hochgeschätzt und dient als Basis für viele Parfums und andere kosmetische Produkte. Neben dem Öl enthält die Pflanze auch noch reichlich Gerbstoff und Flavonoide. Außerdem hat er einen hohen Mineralgehalt.

Für die Gesundheit:

Seine beruhigenden Eigenschaften machen den Lavendel in Form eines Aufgusses zum Heilmittel gegen Schlaflosigkeit, Migräne, Schwindelgefühle und Krämpfe im Verdauungstrakt. Auch wirkt er beruhigend auf die Nerven, lindernd bei Asthmaanfällen, mildernd bei Bronchitis und Keuchhusten. Er verschafft Erleichterung bei fiebrigen Zuständen, hilft bei der Überwindung von Müdigkeit und unterstützt die Heilung von Grippe. Lavendel ist ebenfalls nützlich gegen Rheumatismus, da er die Harnausscheidung fördert. Auch bei Bakterien im Urin und bei Cystitis wirkt er hervorragend.

Die Genesung bei Krankheiten wird durch die stoffwechselfördernde Tätigkeit des Lavendel begünstigt.

Die Einreibung mit einer heißen Dekoktion aus Lavendelblüten beruhigt Gliederschmerzen und ist wohltuend bei Verstauchungen. Ein Lavendelbad wirkt beruhigend auf die Nerven und hilft bei Rheuma, Gicht und Ischias. Lavendel ist hervorragend als Badezusatz bei nervösen und schwächlichen Kindern geeignet.

Für die Schönheit:

Lavendel ist ideal bei Hautentzündungen, die durch Hitze, Kälte oder Sonneneinstrahlung bedingt sind. Er wirkt antiseptisch und läßt sich auch gut bei Haut- und Nagelpilzen in Form von Bädern einsetzen. Die Anwendung erfolgt am besten parallel innerlich und äußerlich.

LINDENBLÜTEN *(Tilia cordata)*

Die sagenumwobene Linde zählt mit zu den bekanntesten Bäumen unserer Heimat. Sie wird schon in alten Volksliedern besungen. Man findet sie fast in ganz Europa auf Dorfplätzen, am Straßenrand oder in Laubwäldern.

Der prächtige Baum kann bis zu 30 m hoch werden. Er ist geschmückt mit spitz zulaufenden, herzförmigen Blättern.

Die Linde blüht erst im Juli, während alle anderen Bäume schon früher blühen. Dies hängt mit der eigentümlichen Entwicklung der Blütenknospe zusammen. Denn im Frühjahr bildet sich eine zweite Knospe, die sich zur Blütendolde entwickelt. Zur Blütezeit strömt die Linde einen schweren, betäubenden Duft aus.

Die Ernte sollte während der Blütezeit erfolgen. Lindenblüten enthalten unter anderem ätherisches Öl, Flavonoide, Schleim und Gerbstoff.

Für die Gesundheit:

Lindenblütentee ist besonders beruhigend und hilft nervösen Menschen, ausgeglichener zu sein. Bei Schlaflosigkeit, Unruhe und nervösen Herzbeschwerden hilft Lindenblütentee ausgezeichnet. Auch bei rheumatischen Schmerzen kann er eingesetzt werden.

Lindenblütentee hat eine auswurffördernde, harn- und schweißtreibende, sowie krampflösende Wirkung. Deshalb wird er eingesetzt bei Husten, Verschleimungen von Lunge und Luftröhre, sowie als Schwitzmittel bei fieberhaften Zuständen. Die allgemeine Abwehrkraft wird durch den regelmäßigen Genuß von Lindenblütentee gesteigert, der inzwischen ein beliebter Haustee geworden ist.

Äußerlich angewendet helfen Lindenblüten bei Geschwüren und Hautausschlägen. Schmerzen, die durch Sturz- und Schlagverletzungen entstanden sind, werden durch eine Lotion aus Lindenblütenabsud gelindert. Als Badezusatz wirken Lindenblüten beruhigend.

Für die Schönheit:

Lindenblütenkompressen eignen sich zur Behandlung von sehr empfindlicher Haut. Sie wirken auch der Bildung von Altersfalten und der Bindegewebsschwäche entgegen und können bei Couperose eingesetzt werden.

LINDENSPLINT *(Tilia cordata)*

Der Lindensplint wird aus der wilden Linde gewonnen. Dieser Waldbaum wächst im Mittelgebirge und ist in ganz Europa zu finden. Er ist vom Wuchs her ein wenig kleiner als die normale Linde.

Zwischen dem Herz des Stammes bzw. der Äste und der Rinde befindet sich ein zartes Holz, das man auch "weiche Rinde" nennt. Wir bezeichnen es als Linden-Splint. Die Ernte erfolgt am besten, wenn der Saft zu steigen beginnt.

Für die Gesundheit:

Eine Abkochung mit Lindensplint hilft dem Körper bei der Ausscheidung von Giftstoffen. Von allen harntreibenden Mitteln ist der Lindensplint am wirksamsten. Deshalb eignet er sich auch zur Vorbeugung gegen die Bildung von Nieren-, Gallen- und Harnsteinen, sowie zu deren Bekämpfung. Außerdem wirkt er stimulierend auf Galle und Leber und regt die Ausscheidung von Schlacken an. Bei Gicht und Rheuma hilft er, Schmerzen zu bekämpfen und hat außerdem eine günstige Wirkung auf Magen und Darm, wo er Krämpfe löst.

Für die Schönheit:

Eine Abkochung mit Lindensplint begünstigt den Abbau von Fettzellen und eignet sich hervorragend zur Cellulitebehandlung. Durch das Trinken dieser Abkochung wird bei fetter Haut die Talgproduktion ausgeglichen und das Hautbild verfeinert. Unterstützt wird die Behandlung durch die äußere Anwendung in Form von Kompressen.

Durch Leberfunktionsstörungen bedingte Hautanomalien wie Chloasma, Xanthelasma und Spinnenmal, lassen sich mit Lindensplint vorbeugend behandeln.

LÖWENZAHN *(Taraxacum officinale)*

Der Löwenzahn ist eine weitverbreitete, bekannte Wiesenblume, die über die gesamte nördliche Erdhalbkugel verbreitet ist. Man findet den Löwenzahn auf Wiesen und Feldern, an Böschungen und Straßengräben und in Gärten.

Die Hauptblütezeit ist von April bis Mai, wobei sich im ganzen Sommer und Herbst neue Blüten bilden. Der Löwenzahn zählt zur Familie der Korbblütler. Er ist bei Kindern beliebt als "Pusteblume", da seine Samenkörner mit flaumigen "Fallschirmchen" ausgestattet sind, die man wegpusten kann. Normalerweise werden die Samen vom Wind durch die Gegend getragen und auf diese Weise überall verteilt, sehr zum Leidwesen der Gartenbesitzer, die den Löwenzahn oft als Unkraut betrachten.

In der Küche sollte man die frischen jungen Löwenzahnblätter zum Bereiten von Salat oder als Salatbeigabe verwenden.

Als Droge wird die zerkleinerte Löwenzahnwurzel wirksam. Der schwarzbraune Wurzelstock ist pfahlartig und bohrt sich tief in die Erde. Deshalb gräbt man die Wurzeln am besten mit einem Spaten oder einem Spezialwerkzeug. Die Ernte erfolgt von Oktober bis November, da die Wurzel zu dieser Zeit die meisten Wirkstoffe enthält. Es sei nochmals daran erinnert, daß Sie auf jeden Fall darauf achten sollten, wo Sie die Wurzeln ernten. Der Boden muß frei von Chemikalien und Umweltgiften sein!

Die Wirksamkeit der Löwenzahnwurzel wird unter anderem ausgelöst durch die Substanzen Inulin, Kautschuk, Kalium, Zucker und den Bitterstoff Taraxin.

Für die Gesundheit:

Ein Aufguß aus Löwenzahnwurzeln vermehrt die Nierentätigkeit und wirkt ableitend bei chronischen Stoffwechselerkrankungen. Er wirkt anregend auf Leber und Galle und daher günstig bei Gicht, Rheuma und erhöhten Cholesterinwerten im Blut. Auch gegen Krampfadern und Darmträgheit wirkt dieser Aufguß gut; ebenfalls bewährt hat er sich bei Hämorrhoiden und zur Blutreinigung.

Zur Vorbeugung gegen Nierensteine empfiehlt sich eine Löwenzahnkur.

Für die Schönheit:

Die innerliche und äußerliche Anwendung einer Abkochung aus Löwenzahnwurzeln unterstützt die Cellulitebehandlung.

LORBEER *(Laurus nobilis)*

Der Lorbeer-Strauch, auch Soßen-Lorbeer genannt, erreicht eine Höhe von 2 bis 10 m. Man darf ihn nicht verwechseln mit dem giftigen Rosen-Lorbeer oder Oleander.

Den Soßen-Lorbeer erkennt man an seinen starren, länglichen Blättern, die immer grün sind. Er wird geschmückt von kleinen, weiß-gelben Blüten, aus denen sich die Früchte – kleine, schwarze Beeren – bilden.

In der Küche sollte man Lorbeerblätter reichlich verwenden, wegen seiner aromatischen, antiseptischen und verdauungsfördernden Eigenschaften. Lorbeer eignet sich als Gewürz für Soßen, Marinaden und Brühen.

Die Lorbeerblätter enthalten ätherisches Öl und Bitterstoff.

Für die Gesundheit:

Bei Magenschmerzen, Blähungen, Appetitlosigkeit und schlechter Verdauung kann ein Aufguß mit Lorbeerblättern Abhilfe schaffen.

Äußerlich findet eine Decoction von Lorbeerblättern Anwendung bei Angina zum Gurgeln. Ein Vollbad mit einer starken Decoction aus Lorbeerblättern wirkt antirheumatisch und erhöht die Spannkraft.

Für die Schönheit:

Lorbeer hat eine kräftigende und unterstützende Funktion auf das Stoffwechselgeschehen und kann deshalb bei daraus resultierenden Hautanomalien mit eingesetzt werden.

MAJORAN *(Majorana hortensis)*

Diese Pflanze, die zur Familie der Lippenblüter zählt, stammt ursprünglich aus Südeuropa, wird jedoch heute überall angebaut.

Die wildwachsende Variante von Majoran wird im Griechischen als "origanon" bezeichnet. Dieser Name setzt sich zusammen aus den Worten Berg (oros) und Freude (ganymai).

Das Bergkraut wird bis zu 50 cm hoch. Seine spateligen Blätter sitzen an den strauchartigen, sparrigen Stengeln. Die weißen bis rosa oder lilafarbenen Blüten sind in Köpfchen angeordnet und öffnen sich von Juli bis September. Die Pflanze ist sehr frostempfindlich und liebt leichten Boden.

Majoran ist bekannt und beliebt als Küchengewürz. Er dient zur Verfeinerung von Wurstwaren, Pasteten, Salaten und Pizza. Sein Aroma ist verwandt mit dem des Thymian. Deshalb kann das eine Gewürz durch das andere ersetzt werden. Oft werden sie auch zusammen verwendet.

Vom Majoran verwendet man das ganze Kraut. Es enthält ätherisches Öl, Gerbstoff und Bitterstoff.

Für die Gesundheit:

Eine Abkochung mit Majoran wirkt beruhigend auf das Nervensystem und hat sich bei Angstgefühlen bewährt. Weiter wirkt er kräftigend auf Magen und Darm und hilft bei Koliken und Blähungen. Seine krampflösende Eigenschaft verleiht ihm Wirksamkeit bei Asthma, Husten, Keuchhusten und Schwindelanfällen, sowie bei Atemwegserkrankungen und schmerzhafter Menstruation. Außerdem wirkt der Tee appetitanregend.

Bäder mit Majoranzusatz wirken beruhigend und krampflösend. Umschläge lindern Rheumaschmerzen und Schmerzen bei einem steifen Hals. Eine Inhalation von Majoran-Dampf lindert Schnupfen und Migräne. Kompressen mit dem Tee wirken schmerzlindernd bei Wunden. Bei Entzündungen im Mund- und Rachenraum hilft Gurgeln mit dem Tee.

Für die Schönheit:

Kompressen mit einem Kaltwasserauszug stärken die Epidermis und kräftigen den Zellstoffwechsel.

MALVE *(Malva silvestris)*

Man findet die Malve in ganz Deutschland an Wegrändern. Die hübsche Pflanze ist zweijährig und wird 20–125 cm hoch. Die breiten, eingeschnittenen Blätter sind behaart, ebenso der Stiel. Die prächtigen Blüten sind violettrosa bis hellviolett und haben 5 Blütenblätter.

Man verwendet als Droge die Blüten, die beim Trocknen violettblau werden. Die Malve ist ein Schleimkraut. Neben dem Schleim enthält sie auch noch Gerbstoff.

Für die Gesundheit:

Bereitet man einen Aufguß aus Malvenblüten, so hat dieser zunächst eine tiefblaue Farbe und verfärbt sich nach kurzer Zeit dunkelgrün. Die somit ins Wasser übergegangenen Wirkstoffe lindern vor allem die verschiedenen Entzündungen der Schleimhäute in Mund, Magen und Darm, wo sie bei Verstopfung sanft abführend und bei Darmentzündungen beruhigend wirken. Bei Husten, Schnupfen und Bronchitis wirken sie schleimlösend.

Äußerliche Anwendung: Decoction als Gurgelmittel bei Angina, Halsschmerzen oder Mandelentzündungen; oder zu Mundspülungen bei Zahngeschwüren, Zahnschmerzen und Mundfäule. Kompressen helfen bei Brandwunden oder Insektenstichen. Der Schmerz und die Entzündung bei Furunkeln läßt sich bekämpfen mit Breiumschlägen der gekochten Blätter und Blüten. Augenkompressen mit Malvenblüten können zur Linderung von Lidrandentzündungen eingesetzt werden.

Für die Schönheit:

Malve kann gegen alle Formen von Allergien, Reizungen, Rötungen und Ekzemen eingesetzt werden. Der Tee und die Kompressen sind auch unentbehrlich bei Hautausschlägen, die durch Modeschmuck ausgelöst werden.

Altersflecken, ausgetrocknete Haut, Flechten und Sonnenschäden finden eine wohltuende und sanfte Verbesserung. Außerdem unterstützt die Wirkung der Malve die Besserung bei trockener, empfindlicher und Couperose-Haut.

MELISSE *(Melissa officinalis)*

Die Melisse ist in Südeuropa beheimatet, wird jedoch heute fast überall angebaut.

Man erkennt sie an den eiförmigen bis rhombischen Blättern, die am Stengel angesetzt sind und den kleinen, weißlichen Lippenblüten, die in je 3–5 Scheinquirlen angeordnet sind. Die Blütezeit ist von Juli bis August.

Die langlebige Pflanze wächst in großen Büscheln und erreicht eine Höhe von 30–80 cm. Sie strömt einen starken, aromatischen Zitronenduft aus, vor allem wenn man die Blätter zerreibt. Deshalb ist sie auch unter dem Namen Zitronenmelisse bekannt. Verwendet werden die Blätter und die Blütenkronen, die kurz vor der Blütezeit geerntet werden.

In der Küche verwendet man die Blätter zur geschmacklichen Verbesserung von Suppen, Salaten und verschiedenen Fleischgerichten.

Auch zahlreichen Likören, wie z. B. Chartreuse, Bénédictine etc. verleiht die Melisse ihr angenehmes Aroma.

Die Melisse enthält neben ätherischem Öl Gerbstoffe und Bitterstoffe.

Für die Gesundheit:

Die Wirkung der Melisse ist in erster Linie beruhigend. Sie ist daher angezeigt bei nervösen Magenleiden und sogenannten funktionellen Herzbeschwerden, die mit Herzklopfen einhergehen. Außerdem wirkt die Melisse schlaffördernd. Auch bei Depressionen, geistiger Überanstrengung und Übererregbarkeit, Migräne und Blutarmut kann man sie einsetzen.

Man schätzt die Melisse wegen ihrer belebenden und stärkenden Eigenschaften. Sie hat eine ausgleichende Wirkung auf das Herz, das Gehirn und die Verdauungsorgane. Daher ist diese Droge hervorragend geeignet bei Herzklopfen, Schwindelgefühlen, Schlaflosigkeit, Kopfschmerzen, Gesichtsneuralgien und Nervenerkrankungen.

Umschläge auf Wunden oder Waschungen mit Melissen-Aufguß beschleunigen das Vernarben der Wunden. Bäder mit Melisse-Zusatz wirken nervenstärkend.

Für die Schönheit:

Die Melisse ist – innerlich und äußerlich angewandt – gut für nervöse, schlecht durchblutete Haut. Sensible, trockene Haut wirkt bei regelmäßiger Anwendung entspannter. Melisse beschleunigt die Narbenbildung bei Wunden.

MILDE MINZE *(Mentha viridis)*

Die Minze gehört mit zu den ältesten Heilpflanzen. Ihre Heimat ist vermutlich Ostasien. Heute wird sie in fast allen Ländern der Erde angebaut.

Es gibt unzählige Minzearten. Die Stammpflanze kennt man nicht, da die Minze ein Mehrfach-Bastard ist. Ich verwende bevorzugt die "Milde Minze" (mentha viridis), die von den Engländern "Spearmint" genannt wird. Sie ist milder als die Pfefferminze, deren belebende Wirkung für nervöse Menschen oft zu stark ist.

Wie bei allen Lippenblütlern sind die Blätter der Minze kreuzweise gegenständig angeordnet. Die eiförmig-lanzettlichen Blätter haben auf der Unterseite punktförmige Drüsen. Die violetten Blüten erscheinen in Form von länglichen Scheinähren.

Als Wirkstoffe enthält die Minze ätherisches Öl, Gerbstoffe und Bitterstoffe. Das ätherische Öl der milden Minze besteht zu 55 % aus Carvon, während das Öl der Pfefferminze zu 48 % aus Mentholen besteht.

Für die Gesundheit:

Ein Aufguß aus milder Minze beruhigt die Magenschleimhaut bei Übelkeit und Erbrechen und löst schmerzhafte Krämpfe des Magen-Darm-Kanals. Der Tee beseitigt Blähungen und fördert die Gallen- und Lebertätigkeit. Es ist auch eine anregende Wirkung auf den Stoffwechsel zu verzeichnen. Minze erhöht die Spannkraft und regt das Nervensystem an. Außerdem hilft sie, Müdigkeit zu überwinden und wird daher allen Intellektuellen empfohlen. Bei Schnupfen, Asthma und Husten hat sie sich ebenfalls bewährt.

Die "Angriffspunkte" der Minze im Organismus sind Leber und Bauchspeicheldrüse. Hier stärkt sie die endogene und exogene Funktion der Drüsen.

Äußerlich angewendet, eignet sich Minze zum Inhalieren bei Asthma, Bronchitis oder Stirnhöhlenentzündung; oder zum Gurgeln bei Zahnschmerzen und Zahnfleischentzündungen.

Für die Schönheit:

Kompressen entspannen die Gesichtshaut und sind wirksam bei unreiner Haut. Sowohl trockene, gereizte und sensible als auch fette und talgdrüsengestörte Haut erfahren durch milde Minze Besserung.

OLIVENBLÄTTER *(Olea europaea)*

Der Olivenbaum wird bereits in der Bibel unter dem Namen "Ölbaum" erwähnt. Er ist schon seit Jahrtausenden in Westasien beheimatet und wurde mit der Gründung von Athen in Griechenland eingeführt. Über die Phöniker gelangte er dann nach Gallien. Heutzutage ist der Olivenbaum in etwa 30 Ländern der Erde zu finden.

Seine gegenständigen, immergrünen Blätter haben eine aschfarbiggrüne Oberfläche und sind unten seidig-weiß. Aus den weißlichen Blüten entstehen die fleischig-grünen Früchte, die später schwarz werden und einen harten Kern haben.

Die Früchte werden oft in der Küche verwendet und auch das daraus gewonnene Olivenöl ist ein wertvolles Nahrungsmittel.

Für die Gesundheit:

In den Rezepturen meiner Vorfahren entdeckte ich einen Hinweis auf die heilende Wirkung der Olivenblätter. Ein Olivenblätter- Aufguß läßt sich hervorragend einsetzen bei zu hohem Blutdruck und bei Diabetikern zur Senkung des Blutzuckerspiegels. Außerdem wirken sie harntreibend gegen Wasseransammlungen und fördern die Bildung von Gallensaft.

Für die Schönheit:

Schon die alten Römerinnen schätzten den Olivenbaum und stärkten Ihre Fingernägel mit einem Bad in Olivenöl.

Aber auch die Blätter des Baumes lassen sich gut in der Schönheitspflege einsetzen:

Bei aufgedunsenem Gesicht bringt eine lauwarme Kompresse, getränkt in einem Olivenblätter-Aufguß, schnell Linderung.

Die innere Anwendung von Olivenblätter-Tee verbessert stark gerötete Haut, die durch einen hohen Blutdruck bedingt ist.

QUECKENWURZEL *(Agropyrum repens)*

Die Quecke gehört zur Familie der Süßgräser. Sie wächst auf Äckern und ist für die Landwirte ein unbeliebtes Unkraut. Durch ihre langen, unterirdischen Ausläufer ist sie schwer zu vertreiben.

Die Pflanze wird bis zu 120 cm hoch. Sie hat rauhe Blätter mit grüner bis blaugrüner Farbe, die behaart sind.

Verwendet werden von der Quecke die Wurzeln. Die Queckenwurzel enthält unter anderem Kieselsäure, ätherisches Öl sowie Zuckeralkohole und Schleim.

Für die Gesundheit:

Die Queckenwurzel hat eine blutreinigende, reizmildernde Wirkung. Durch ihre leicht harntreibende Wirkung eignet sie sich auch zur Behandlung von Harnwegs-Erkrankungen. In der Volksmedizin wurde die Queckenwurzel schon immer bei rheumatischen Erkrankungen und bei Gicht angewandt, da sie die Ausscheidung von Schlacken begünstigt und blutreinigend wirkt. Sie wirkt der Steinbildung in der Gallenblase und in den Harnwegen entgegen und hat eine leicht abführende Wirkung.

Für die Schönheit:

Innerlich angewandt, wirkt ein Queckenwurzelabsud entschlackend und führt zu einer vermehrten Ausscheidung von Wasser und begünstigt den Abbau von Fettpölsterchen.

QUENDEL *(Thymus serpyllum)*

Der Quendel ist eine Pflanze unserer Heimat und eng mit dem Thymian verwandt. Er wächst vor allem auf sonnigen, taufeuchten Bergwiesen und Hängen und wird ca. 20 cm hoch. Gerne tritt er in Nachbarschaft zum Heidekraut auf. Man findet ihn in den Alpen sowie in Mitteleuropa.

Das duftende Kraut ist von Mai bis September mit reich blühenden, rötlichen Blütenköpfchen bestückt. Die dichten Blütenpolster überziehen die Berghöhen und greifen unmittelbar nach den Sonnenstrahlen.

Als Droge wird das blühende Kraut verwendet.

Hauptwirkstoff des Quendel ist ein ätherisches Öl, das Thymol enthält. Hinzu kommen Bitterstoffe, Gerbstoff und Flavonoide. Als Gewürz macht er fette Speisen leichter verdaulich.

Für die Gesundheit:

Was für Thymian, den "großen Bruder" des Quendel gilt, rechnet man an Heilwirkungen auch dem Quendel zu. Auch diese Pflanze enthält Thymol und ätherisches Öl, das seine Wirkung vor allem bei krampfhaftem Husten entfaltet. Deshalb wird dieses Kraut wegen seiner antiseptischen und krampflösenden Wirkung überwiegend bei Erkältungskrankheiten, Bronchialkatarrh, Asthma, Angina und Kehlkopfentzündung verwendet.

Bei Verdauungsschwäche und Verdauungsstörungen leistet der Quendel ebenfalls gute Dienste. Außerdem hilft er zur Beruhigung bei Migräneanfällen.

Quendel eignet sich durch seine krampflösende Wirkung auch bei Magenkrämpfen, Asthma, Völlegefühl, Koliken und bei Gasbildung.

Für Kräuterkissen und Kräuterbäder, sowie Einreibungen und Umschläge, ist Quendel hervorragend geeignet. Quendelbäder rufen Besserung hervor bei Schlaflosigkeit, Rheuma, Nervenschwäche und bei schwächlichen und nervösen Kindern.

Für die Schönheit:

Quendel unterstützt die Tätigkeit des Bindegewebes und fördert den Schlackenabtransport. Seine harntreibende Wirkung macht ihn zum idealen Partner bei der Cellulitebehandlung. Der Teeaufguß wird innerlich und äußerlich mit Erfolg gegen Akne eingesetzt. Haarspülungen mit Quendelaufguß wirken kräftigend auf die Kopfhaut und verhindern Haarausfall.

ROSENBLÜTEN *(Rosa centifolia, Rosa persica)*

Der Rosenstock mit seinen rosa bis dunkelroten Blüten wächst in einigen Gegenden wild. Um jedoch seine Blüten ernten zu können, ist eine Kultivierung notwendig.

Der Busch mit den dunkelgrünen Blättern erreicht eine Höhe von 50 bis 100 cm. Die Blüten müssen vor dem völligen Aufblühen geerntet werden, was im allgemeinen um den Monat Juni herum der Fall ist.

Rosenblüten enthalten ätherische Öle und viele Mineralstoffe, vor allem Kalium und Calcium.

Für die Gesundheit:

Ein Aufguß mit Rosenblüten wirkt als Stärkungsmittel. Er wird zur Stärkung der Nerven eingesetzt und ist auch der Gesundheit von Leber und Darm förderlich. Weiterhin wirkt er regulierend auf den Darm und ist bei Neigung zu Darmträgheit angezeigt. Außerdem wirkt dieser Aufguß harntreibend und eignet sich für eine Frühjahrskur.

Zur Wiederherstellung der Darmflora nach einer Antibiotikabehandlung setzt man erfolgreich zusätzlich Rosenknospen ein.

Der regelmäßige Genuß von Rosenknospentee trägt zu einer Verbesserung der Immunabwehr bei.

Eine Abkochung eignet sich gut für Augenbäder bei Bindehautentzündung. Man verwendet sie auch zum Gurgeln bei Halsschmerzen.

Für die Schönheit:

Rosenblütentee wirkt durch den hohen Kaliumgehalt und das Vorhandensein von mikromolekular gelöstem Calcium entwässernd auf das Gewebe und hilft beim Aufbau eines gesunden Bindegewebes.

Durch die entzündungshemmende und entschwellende Wirkung sind Kompressen mit Rosenblütentee hilfreich bei verquollenen Augen.

Innerlich und äußerlich angewandt, finden Rosenknospen auch Verwendung bei fetter Haut, Akne und Mitessern.

ROSMARIN *(Rosmarinus officinalis)*

Der Rosmarin wird bei uns schon seit mehr als 1000 Jahren in Gärten bzw. Töpfen gezogen.

Die Heimat dieses Lippenblütlers ist das Mittelmeergebiet. Dort wird der Halbstrauch 1–2 Meter hoch. Seine immergrünen, lanzettenförmigen Blätter haben eine dicke Haut mit winzigen Härchen.

Blütezeit ist von April bis Juni. Die blaßblauen bis hellvioletten Blüten stehen in endständigen Scheintrauben.

Die Pflanze strömt einen intensiven, kampferartigen Geruch aus. Als Wirkstoffe enthält sie ein wohlriechendes ätherisches Öl und außerdem Harze, Gerbstoff, Flavonoide, Glykoside und Bitterstoff.

Als Küchengewürz läßt sich Rosmarin vielfältig einsetzen.

Hauptwirkstoff ist das ätherische Öl, das auch Rosmarinkampfer genannt wird. Dieser Rosmarinkampfer wirkt ähnlich wie der echte Kampfer aus dem Kampferbaum.

Für die Gesundheit:

Durch diesen Kampfergehalt hat der Rosmarin in der Hauptsache eine allgemein tonisierende Wirkung für Kreislauf- und Nervensystem. Er wird deshalb als kreislauf- und nervenstärkendes Mittel eingesetzt. Auch bei niedrigem Blutdruck und allgemeiner Kreislaufschwäche wirkt ein Rosmarinaufguß Wunder.

Infolge seiner durchblutungsfördernden Eigenschaften ist Rosmarin ein gutes Mittel gegen Rheuma, Gicht und Nervenschmerzen, sowie gegen Kopfschmerzen und Migräne.

Bei Schwächezuständen und Depressionen, wie sie z.B. durch Überarbeitung oder nach anstrengenden Krankheiten auftreten, hilft Ihnen der Rosmarin wieder auf die Beine. Bei alten Menschen zeigt er ebenfalls seine anregende und belebende Wirkung. Auch auf die Sexualität wirkt dieses Kraut anregend, sowohl bei Männern als auch bei Frauen.

Rosmarin regt die Leber- und Gallenfunktion an und hilft dadurch, den Cholesterinspiegel des Blutes zu normalisieren. Sein ätherisches Öl bewirkt eine Erleichterung bei Verdauungsstörungen, Völlegefühl und Blähungen. Appetit und Magensaftsekretion werden angeregt. Rosmarin wird auch gern bei Zyklusstörungen und Menstruationsbeschwerden verordnet.

Äußerlich angewendet, eignet sich Rosmarin für Bäder, die anregend und kräftigend wirken. Nach einem Rosmarinbad fühlen Sie sich wie neu geboren und voller Tatendrang. Sie sollten sich das Bad am Morgen oder am Nachmittag genehmigen, jedoch auf keinen Fall abends vor dem Schlafengehen.

Für die Schönheit:

Rosmarin reguliert den Fettstoffwechsel bei trockener Haut. Welk gewordene Haut gewinnt durch die innerliche und äußerliche Anwendung ihre Spannkraft zurück. Gleichzeitig wird der Säureschutzmantel der Haut reguliert. Bei Ödemen hat sich der Einsatz von Rosmarin-Kompressen bewährt.

SALBEI *(Salvia officinalis)*

Die Heimat des Salbei ist Südeuropa. Schon die alten Griechen und Römer schätzten ihn als Heilmittel und Gewürzpflanze. Die Pflanze liebt kalkhaltigen Boden.

Auch dieser Lippenblütler tritt in Form eines buschigen Halbstrauches auf, der bis zu 70 cm hoch wird.

Der vierkantige Stengel ist unten meist holzig und verästelt sich nach oben. Die länglichen, eiförmigen Blätter sind in der Jugend unten weißlich-filzig behaart.

Von Mai bis August erscheinen die tiefblauen, zweilippigen Blüten, die in 4–8 Etagen um den Stengel angeordnet sind. Sie treten in Form von Quirlen auf.

Ein weiteres Erkennungsmerkmal des Salbei ist der bittere und kampferartige Geschmack, wenn man ein Blatt abpflückt und zerreibt.

In der Küche findet Salbei eine vielfältige Verwendung. Er ist besonders geeignet zur Zubereitung von fetten Speisen wie z.B. Schweinebraten, Ente, Aal, Pasteten, Wurstwaren etc. Er verleiht Kräuterbutter, Kräuterquark, Suppen und Eintöpfen ein feines Aroma.

Als wirksame Bestandteile enthält der Salbei ätherisches Öl, Flavonoide, Gerbstoffe und Saponin, sowie bakterizide Stoffe.

Für die Gesundheit:

Wegen seiner krampflösenden und stärkenden Eigenschaften wird Salbei gegen funktionelle Dystonie und neurovegetative Störungen eingesetzt. Ein Salbeiaufguß wirkt schweißhemmend und fiebersenkend, so daß er bei Nachtschweiß oder für Frauen in den Wechseljahren sehr geeignet ist. Er wirkt entzündungshemmend bei Atemwegserkrankungen und begünstigt die Genesung bei Leberleiden und Erkrankungen der weiblichen Organe, besonders bei unregelmäßiger Periode. Bei stillenden Frauen läßt Salbei die Milchproduktion versiegen und kann daher beim Abstillen helfen. Bei Diabetes senkt Salbei auch den Zuckergehalt des Blutes; aber er wirkt blutdruckerhöhend und sollte von Menschen mit hohem Blutdruck nicht angewendet werden.

Äußerlich angewandt, beschleunigt der Salbei durch seine desinfizierende und zusammenziehende Wirkung die Heilung bei Rachenkatarrh, Zahnfleischverletzungen und Mundverletzungen. Er ist auch gut geeignet als Gurgelmittel bei Halsentzündungen.

Für die Schönheit:

Salbei wirkt vorbeugend gegen frühzeitige Faltenbildung, vor allem gegen Hals-, Mund- und Augenfältchen.

Eine Kompresse mit Salbeiabsud stärkt trockene, empfindliche und zu Rötungen neigende Haut. Der Absud eignet sich hervorragend zur Desinfektion von offenen Stellen, wie z. B. Pickel und Pusteln.

SCHAFGARBE *(Achillea millefolium)*

Die Schafgarbe stammt ursprünglich aus dem Kaukasus, besiedelt inzwischen jedoch die gesamte nördliche Erdhalbkugel.

Die robuste Pflanze wird bis zu 70 cm hoch und zählt zur Familie der Korbblütler. Sie verträgt auch schlechten Boden und ist gegen Kälte unempfindlich. Deshalb tritt sie wohl so häufig in unserer Flora auf.

Die doppelt fiederspaltigen Blätter haben eine schlanke, lanzettliche Form. Die kleinen Blütenköpfchen sind weiß bis rötlich und in großer Zahl dicht nebeneinander angeordnet, so daß sie einen breiten, ebenen Strauß bilden. Die aromatisch duftenden Blüten erscheinen von Mai bis November.

Wirksame Bestandteile der Schafgarbe sind wertvolle Mineralstoffe und Spurenelemente, Bitterstoffe, Gerbstoff und ein ätherisches Öl, sowie organische Säuren. Durch Destillation kann man ein Blauöl gewinnen, das eine ziemlich ähnliche Wirkung wie das Kamillenblauöl hat.

Für die Gesundheit:

Die Schafgarbe besitzt wertvolle homöopathisch dosierte Mineralstoffe und Spurenelemente.

Sie hat eine entzündungshemmende, blähungswidrige, heilungsfördernde und krampflösende Wirkung.

Außerdem wirkt sie anregend auf den Stoffwechsel, kräftigt den Magen, fördert den Appetit und wirkt blutbildend und anregend auf die Lebertätigkeit.

Für Frauen ist dieses Kraut besonders wertvoll bei unregelmäßiger Menstruation, bei zu starker Regel und während der Wechseljahre; außerdem bei Krampfadern und "offenen Beinen".

Bei der Zubereitung ist zu beachten, daß das Kraut niemals gekocht werden darf.

Bäder, Kompressen und Umschläge fördern die Wundheilung und die Rückbildung von Geschwüren. Schafgarbe wirkt äußerlich angewendet keimhemmend, blutstillend und adstringierend. Sie beschleunigt die Heilung, indem das Gewebe zusammengezogen wird. Deshalb ist die Pflanze auch gut für Sitzbäder gegen Hämorrhoiden.

Für die Schönheit:

Schafgarbe läßt sich gut einsetzen bei trockener Haut und extremer Faltenbildung. Sie beschleunigt die Heilung und Vernarbung bei kleinen Hautrissen und Insektenstichen.

SCHWARZER TEE

(Camellia sinensis oder Camellia the)

Der Teestrauch ist seit mehr als 5000 Jahren bekannt. Dieser exotische Strauch ist beheimatet im Süden von China und in Burma. Heute wird er auch in Indien, Ceylon, Afrika, Südamerika und Japan angebaut und ist bis zum Kaukasus verbreitet. Der Teebaum ist ein Verwandter der Kamelie. Der immergrüne Busch hat dunkle, lederartige Blätter, die stark gezahnt sind. Seine Höhe beträgt ca. 5 m und kann bis 15 m erreichen.

Die Blüten treten einzeln oder in Gruppen auf und besitzen jeweils 6 weiße bis cremefarbene Blättchen. Gepflückt werden nur die Triebe mit der Knospe und 2–3 Blättern. Je jünger und zarter die Blätter sind, um so feiner schmeckt der Tee.

Bis ein Teestrauch soweit ist, daß er abgeerntet werden kann, vergehen etwa 5 Jahre. Dann kann vom gleichen Busch alle 14 Tage geerntet werden.

Der Tee wurde zunächst wegen seiner Heilkräfte importiert. Man schätzte ihn jedoch bald als köstliches Getränk. Als solches ist er bis heute beliebt.

Die Wirkstoffe des Schwarzen Tees sind Thein, Gerbstoffe und Flavonoide.

Für die Gesundheit:

Dieses Getränk wirkt anregend auf das zentrale Nervensystem und belebt die geistige Regsamkeit. Daher wird er auch bei intensivem geistigem Arbeiten empfohlen. Schwarzer Tee hilft gegen Durchfall, erleichtert aber auch die Verdauung und beschleunigt sie nach zu reichhaltigen Mahlzeiten. Er wirkt harntreibend auf die Nieren und erweist sich als nützlich zur Vorbeugung gegen Arterienverkalkung.

Für die Schönheit:

Schwellungen, Rötungen und Ringe unter den Augen werden durch Kompressen mit Schwarzem Tee verbessert. Das Gewebe im Augenbereich wird gestärkt. Ein Kaltauszug in Form von Lotion oder Kompressen wirkt porenverengend bei fetter Haut. Die Spannkraft wird bei empfindlicher und erschlaffter Haut erhöht.

SILBERWEIDE *(Salix alba)*

Bei uns kommen etwa 25 Arten von wilden Weiden vor. Alle haben rutenförmige Zweige, die im Frühjahr von den pelzigen Kätzchen geziert werden. Bei der Silberweide erscheinen Blätter und Kätzchen gleichzeitig. Die Silberweide ist vom Wuchs her die größte und in wilder Lage am weitesten verbreitet. Dieser Baum, den man meistens in feuchten Wäldern, sowie entlang von Wasserläufen findet, hat gerade, weiß-silberne Äste mit langen und feinen Blättern und kann bis zu 30 m hoch werden.

Die Weidenrinde und die Blätter enthalten Salicoside, verschiedene Salze, Glykoside und reichlich Gerbstoff.

Für die Gesundheit:

Deshalb ist ein Aufguß mit Silberweide sehr gut als Schmerzmittel geeignet, vor allem bei Kopfschmerzen. Er hat eine stark fiebersenkende Wirkung. Der Tee eignet sich hervorragend bei fieberhaften Erkrankungen mit und ohne Schmerzen, sowie bei akutem und chronischem Gelenkrheumatismus. Auch bei fieberhafter Bronchitis und akuten Gichtanfällen tritt Besserung ein. Ebenso ist der Silberweide-Tee ein gutes Mittel gegen Schlaflosigkeit, Nervosität und Angstzustände. Der Gehalt an Gerbsäure macht ihn zu einem guten Verdauungstonikum.

Für die Schönheit:

Kompressen kommen zum Einsatz bei Couperose und Teleangiektasien. Blutstauungen verblassen und das Bild einer gleichmäßig durchbluteten Haut wird wieder hergestellt.

STEINSAME *(Lithospermum officinalis)*

Diese Pflanze wächst vorzugsweise in Auwäldern und an sonnigen Hängen. Steinsame zählt zur Familie der Borretschgewächse und weist, wie alle dieser Familie angehörenden Pflanzen, eine rauhe Behaarung auf.

Der verzweigte Stengel ist mit lanzettenförmigen Blättern besetzt. Aus den Blattachseln wachsen die unscheinbaren, weißen Blütchen, die im Frühsommer blühen. Im Spätsommer erscheinen zahlreich die perlenglänzenden Früchte, von denen jeweils vier aus einer Blüte entstehen. Diese harten Samen gaben der Pflanze den Namen.

Verwendet werden sowohl die Früchte als auch Blätter und Pflanzenteile. Die Wirksamkeit basiert auf Pflanzenhormonen. Außerdem enthält die Pflanze Kieselsäure in hoher Konzentration, Gerbstoffe und Schleimstoffe.

Für die Gesundheit:

Der Tee wirkt harntreibend und läßt sich daher gut bei Nierenleiden einsetzen. Er unterstützt Ausscheidungsprozesse aller Art, wirkt gegen Gicht, Wasseransammlungen im Gewebe und zur Unterstützung bei Gewichtsabnahme.

Für die Schönheit:

Die in diesem Kraut enthaltene Kieselsäure ist wichtig für den Aufbau und zur Erhaltung eines gesunden Bindegewebes. Steinsame läßt sich daher hervorragend einsetzen zur Vorbeugung gegen die Erschlaffung der Haut, vor allem bei Abmagerungs- und Entschlackungskuren.

SÜSSHOLZ *(Glycyrrhiza glabra)*

In den 5 Kontinenten gibt es etwa ein Duzend verschiedene Süßholzarten. Das offizinale Süßholz stammt aus dem Mittelmeerraum, wo es schon seit langer Zeit verwendet wird. Schon die alten Ägypter empfahlen die sogenannte "Süße Wurzel" wegen ihrer beruhigenden Wirkung. Sie war auch sehr beliebt wegen des lieblichen Geschmacks.

Die langlebige Süßholz-Pflanze erreicht eine Höhe von 30 cm bis 1 m. Der kräftige Stengel ist hohl und wird geziert von den gestielten Blättern, die sich jeweils aus 9 bis 17 kleinen grünen Blättchen zusammensetzen, die ungeteilt sind und eine ovale Form haben. Die Unterseite der Blätter ist klebrig. Von Juni bis Juli erscheinen die blaßblauen oder lilafarbenen Blüten.

Verwendet wird vom Süßholz die Wurzel, deren stark verzweigter, holziger Stock einen süßen Geschmack hat.

Die Süßholzwurzel enthält als wirksame Substanz Glycyrrhizin bzw. Glycyrrhizinsäure. Weitere Inhaltsstoffe sind Flavonoide, Zuckerstoffe und Gerbstoffe.

Für die Gesundheit:

Die Süßholzwurzel wirkt beruhigend bei Husten und auswurffördernd bei Lungen- und Bronchialbeschwerden. Bemerkenswert ist auch die günstige Wirkung bei Magengeschwüren und Magenentzündungen, sowie die verdauungsanregende Wirkung.

Süßholz sollte in Form von Kuren getrunken werden und eignet sich nicht zum Dauergebrauch. Ein zu intensiver Gebrauch kann zu einer Erhöhung des Blutdrucks führen.

Eine Kompresse, die mit Süßholzwurzel-Aufguß getränkt wurde, wirkt beruhigend bei Augenentzündungen (Bindehautentzündung).

Für die Schönheit:

Süßholzwurzel greift über den Zuckerstoffwechsel in den Hautzustand ein. Dadurch werden Hautanomalien, die durch Zuckerstoffwechselstörungen auftreten, günstig beeinflußt.

Auch als Zuckerersatz in Kräutertees ist die Süßholzwurzel geeignet, was besonders Aknepatienten zugute kommt.

THYMIAN *(Thymus vulgaris)*

Den Thymian findet man in großen Mengen auf den Strauchheiden der Berge in Spanien, Südfrankreich und Italien. Dieser wildwachsende Thymian ist wesentlich wertvoller als der angebaute Gartenthymian.

Der Strauch zählt zur Familie der Lippenblütler und wird 25 bis 40 cm hoch. Die kleinen weißlich-grünen Blätter sind dünn aber kräftig und haben ein staubiges Aussehen. Sie sind auf der Unterseite behaart und der Blattrand rollt sich nach unten.

Der Thymian wächst in Kissen mit rosa bis halbvioletten Blüten. Man verwendet das blühende Kraut, das von Juni bis September geerntet wird.

In der Küche ist Thymian als Würzkraut nicht mehr wegzudenken. Er verfeinert Suppen, Gemüse, Fisch- und Fleischgerichte.

Die wirksamen Substanzen des Thymian sind ätherisches Öl mit Thymol, Gerbstoff, Bitterstoff und Harz, sowie Flavonoide und Terpene.

Für die Gesundheit:

Ein Thymian-Aufguß schafft Erleichterung bei hartnäckigen Bronchialkatarrhen, Keuchhusten und Husten. Er wirkt schleimlösend, desinfizierend, krampfstillend und beruhigend bei Reizungen der Atemwege. Auch bei Gastritis, Verdauungsbeschwerden, Magenkrämpfen und Koliken ist Thymian hilfreich. Außerdem regt er die Durchblutung an und bekämpft Bakterien in den Harnwegen.

Äußerlich wird Thymian in Form von Bädern angewendet bei rachitischen und schwächlichen Kindern.

Für die Schönheit:

Thymian wirkt antiseptisch und vernarbungsfördernd und eignet sich daher vorzüglich zum Einsatz bei Akne. Alle Formen von Entzündungen bei unreiner Haut werden mit Thymian-Kompressen gebessert. Tee und Kompressen unterstützen den Abtransport von Schlackenstoffen und bewirken eine Stabilisierung der Zellfunktion. Massagen der Kopfhaut mit Thymian-Absud regen den Haarwuchs an.

WACHOLDER *(Juniperus communis)*

Der Wacholder gehört zu den Zypressengewächsen. Der immergrüne Baum oder Strauch mit den dornartigen grünen Nadeln liebt Heide- und Moorböden und erreicht eine Höhe bis zu 6 m. Die zweihäusigen Blüten erscheinen von April bis Mai. Die Früchte haben einen Durchmesser von ca. 6 mm und reifen erst im zweiten Jahr, wo ihre Farbe vom grün ins blauschwarz wechselt. Der eingebürgerte Name "Wacholderbeeren" trügt, da es sich bei den Früchten um Scheinbeeren aus den fleischig gewordenen Fruchtblättern handelt.

Geerntet werden die "Wacholderbeeren", deren wichtigste Wirkstoffe ätherisches Öl, Flavonoide, Gerbstoff, Invertzucker und Harz sind, erst im 2. Jahr ihrer Entstehung.

In der Küche wird Wacholder als Gewürz, vor allem für Fleisch verwendet. Er soll auch helfen, das Fleisch zu konservieren.

Für die Gesundheit:

Wacholder wird vor allem zur Blutreinigung gegen Hautausschläge und Ekzeme eingesetzt. Ihre heilende Wirkung entfalten die Wacholderbeeren auch bei geschwächtem Magen. Sie dienen ebenfalls zur Vorbeugung gegen Infektionen und zeigen bei Rheumatismus, Gicht und Stoffwechselstörungen eine gute Wirkung. Bei chronischem Blasenkatarrh wird durch Wacholderbeeren eine Besserung erzielt, da diese eine desinfizierende Wirkung haben. Wacholderbeeren senken bei Diabetes den erhöhten Zuckergehalt im Blut. Die Beeren wirken auch appetitanregend und erleichtern die Verdauung.

Wacholder sollte jedoch nicht während der Schwangerschaft und bei Nierenkrankheiten angewendet werden. Auch gesunde Menschen sollten ihn nicht länger als 6 Wochen gebrauchen, da es sonst zu Nierenreizungen kommen könnte.

Äußerlich angewendet, dient eine Decoction mit Wacholderbeeren als Antiseptikum und fördert die Vernarbung von Ekzemen und Akne. Vollbäder mit Wacholderzusatz sind besonders wirksam bei Rheumatismus, Gicht und Hautausschlägen.

Für die Schönheit:

Bei fetter, gereizter Haut empfehlen sich warme Besprühungen.

WIESENKÖNIGIN *(Spiraea ulmaria)*

Die Wiesenkönigin ist auch unter dem Namen "Mädesüß" bekannt. Sie ist in ganz Europa und im nördlichen Asien verbreitet. Man findet sie auf feuchten Wiesen, an Gräben, sumpfigen Seeufern und im Röhricht von Flußläufen.

Der breite Wurzelstock schlängelt sich durch den feuchten, sumpfigen Grund.

Als Droge wird die ganze blühende Pflanze verwendet.

Wirksame Bestandteile der Wiesenkönigin sind Salizylsäure, Flavonoide, geringe Mengen ätherisches Öl, sowie viele wertvolle Mineralstoffe.

Für die Gesundheit:

Ein Tee aus Wiesenkönigin wirkt blutreinigend, sowie harn- und schweißtreibend und eignet sich deshalb besonders zur Behandlung von Nieren- und Blasenleiden, Wassersucht, Gicht und Rheuma. Er wirkt normalisierend auf den Stoffwechsel und ausgleichend auf die Verdauung. Des weiteren stärkt der Tee das Herz, wirkt gegen hohen Blutdruck und gegen Steinbildung. Bei Gicht, Arthrose und Rheuma wirkt er gleichzeitig schmerzlindernd.

Für die Schönheit:

Bei Cellulite verbessert sich das Hautbild deutlich durch den regelmäßigen Genuß eines Teeaufgusses mit Wiesenkönigin in Verbindung mit einer vernünftigen Ernährung. In der äußerlichen Anwendung ist dieses Kraut ein gutes Wundheilmittel, da es den Vernarbungsprozeß beschleunigt. Wiesenkönigin wirkt auch normalisierend bei Couperose und Teleangiektasien.

WILDORANGENKNOSPEN

(Citrus bigaradia)

Die wilde Orange, auch Bitterorange oder Pomeranze genannt, wird am meisten wegen ihrer medizinischen Eigenschaften verwendet. Dieser Orangenbaum stammt aus Indien und China und ist heute an den Mittelmeerküsten verbreitet. Der schöne kleine Baum mit den dornigen Ästen hat dunkle, immergrüne Blätter und erreicht eine Höhe von ca. 5 m. Die weißen Blüten sind in Zweier- oder Dreiergruppen angeordnet und duften angenehm.

Ich rate unbedingt ab vom Gebrauch von Orangenblüten, die zur Ernte von Apfelsinen gezogen werden; denn diese Bäume werden für die Kultur der Früchte sehr häufig gespritzt und enthalten hohe Mengen von Pflanzenschutzmitteln. Deshalb bitte auf die Bezeichnung **Wildorangenknospen** achten!

Als Wirkstoffe enthalten die Wildorangenknospen ätherisches Öl, Bitterstoffe und Flavonoide.

Wegen ihres angenehmen Aromas sind Wildorangenknospen als Geschmacksverfeinerer für andere, weniger schmackhafte Teedrogen (z.B. Lindensplint) zu empfehlen.

Für die Gesundheit:

Die Blätter und Knospen des wilden Orangenbaumes haben eine beruhigende Wirkung. Sie helfen nervösen Menschen, wieder Schlaf zu finden. Auch sind sie zu empfehlen gegen Krämpfe, Herzklopfen, nervöse Magenkrämpfe und bei Depressionen.

Für die Schönheit:

Wildorangenknospen machen trockene Haut geschmeidig und verzögern die Bildung der unangenehmen Reibeisenhaut.

YSOP *(Hyssopus officinalis)*

Man findet den Ysop im südlichen Europa. Diese auch unter dem Namen "Essigkraut" bekannte Pflanze wird 20 – 50 cm hoch. Die kleinen Büsche bevorzugen kalkhaltigen Boden, wo sie sich auch rasch ausbreiten. Man erkennt die Pflanze an dem ausströmenden aromatischen Duft. Ihr Geschmack ist scharf und etwas bitter.

Verwendung finden Blätter und Blüten, die unter anderem ätherisches Öl und Gerbstoffe enthalten.

Im Süden wird der Ysop als Küchengewürz für Suppen, Braten und Füllungen verwendet, denen er ein pikantes Aroma verleiht.

Für die Gesundheit:

Der honigartige Aufguß ist vor allem beliebt bei der Bekämpfung von Atemwegserkrankungen, wie Grippe, Schnupfen, Bronchitis und Asthma. Er erleichtert die Atmung und löst Verschleimungen in den Bronchien. Der Ysop wirkt kräftigend auf geschwächte Personen, regt Appetit und Verdauung an und hilft bei Koliken und schwerer, schmerzhafter Verdauung. Er wirkt leicht harntreibend und fördert das Ausscheiden von Darmparasiten. Das ätherische Öl enthält Thuyone, was in hoher Dosis zu epileptischen Anfällen führen kann. Deshalb ist es wichtig, daß Sie die richtige Dosis einhalten.

Für die Schönheit:

Ysop beugt bei innerer Anwendung der Pickelbildung vor, da die Verdauung geregelt wird. Eine Kompresse wirkt lindernd bei fetter Haut, sensibler und dünner Haut. Hautrötungen werden gelindert und die Narbenbildung verbessert.

Maurice Mességué im Rosmarinfeld

KRÄUTER FÜR IHRE GESUNDHEIT

Immer mehr Menschen vertrauen sich den Heilkräften der Natur an. Doch leider greifen immer noch viele bei leichten Störungen des Wohlbefindens zu häufig zu chemischen Medikamenten.

Natürlich braucht man bei der Behandlung mit Kräutern etwas mehr Geduld. Dafür kann man aber auch sicher sein, daß der Körper nicht unnötig belastet wird. Bei richtiger Dosierung von Kräutertees treten auch keine Nebenwirkungen auf, wie dies häufig bei allopathischen Medikamenten der Fall ist.

Nachdem ich bereits die wichtigsten Kräuter und ihre heilenden Wirkungen beschrieben habe, möchte ich Ihnen nun einige Rezepturen mit auf den Weg geben.

Oftmals sind zur Behandlung einer Krankheit mehrere Kräuter geeignet. Ich habe Ihnen die wirksamsten Rezepte aufgeschrieben. Sie können dann je nach Geschmack auswählen oder solche Kräuter benutzen, die Sie gerade zur Hand haben.

Die kurmäßige Anwendung eines Krautes sollte nicht länger als 4 – 6 Wochen hintereinander erfolgen. Danach empfiehlt es sich, eine Pause einzulegen oder auf ein anderes Kraut umzusteigen. Bei zu langer Anwendung eines Krautes gewöhnt sich der Körper an die Kräuterwirkstoffe, was eine Beeinträchtigung des Heilerfolges nach sich zieht. Oftmals sind bei einem Problem mehrere Kräuter wirksam, so daß es nicht schwer fällt, Abwechslung zu schaffen.

Wichtig ist, daß Sie wissen, wo die Kräuter herkommen. Bitte achten Sie darauf, daß die Kräuter nicht chemisch gedüngt, mit Pestiziden behandelt oder gegen Insektenbefall begast sind. Sonst würden sie mehr schaden als nützen.

Bevor Sie zur Selbstbehandlung mit Kräutern schreiten, sollten Sie jedoch zuerst einen Arzt aufsuchen, damit er eine genaue Diagnose stellen kann. Besprechen Sie mit Ihrem Arzt, wie die Behandlung ablaufen soll. Auf alle Fälle sollte die Behandlung mit Kräutern zusätzlich zur ärztlichen Behandlung und mit dem Einverständnis des behandelnden Arztes eingesetzt werden.

Oftmals ist neben der Kräuterbehandlung auch eine Änderung der Ernährungsgewohnheiten oder mehr körperliche Bewegung erforderlich. Bitte beachten Sie hierzu auch meine Hinweise bei der Beschreibung der einzelnen Krankheiten.

Grundsätzlich können in jede Braten- oder sonstige Sauce Knoblauch und Salbeiblätter zerkleinert zugegeben werden. Diese waren schon im Altertum als Lebenselixier bekannt. Zusätzlich sollte oft – besonders abends – eine Handvoll *rohes* Sauerkraut gegessen werden.

Auf den folgenden Seiten finden Sie zunächst Abbildungen von den meisten im vorigen Kapitel beschriebenen Kräutern. Danach folgen meine Rezepturen für Ihre Gesundheit. Ich wünsche Ihnen viel Erfolg bei der Anwendung.

Wenn in meinen Rezepturen von "1 Tasse" Wasser die Rede ist, dann meine ich eine große Tasse mit ca. ¼ l Fassungsvermögen. Sehr gut geeignet für Kräuter-Tee sind nach meinen Erfahrungen spezielle Kräuter-Tee-Tassen mit Siebeinsatz und Deckel (s. o. Abb.)

Anis

Basilikum

Bohnenkraut

Citronellkraut

Eisenkraut

Enzianwurzel

Erdbeerblätter

Eukalyptus

Fenchel

Gänseblümchen

Heidekraut

Kamille

Kerbel

Lavendel

Lindenblüten

Linden-Splint

Lorbeerblätter

Löwenzahn

Majoran

Malve

Melisse

Minze

Olivenblätter

Orangenknospen

Grüner Tee

Quendel

Rosen

Rosmarin

Salbei

Schafgarbe

Süßholz

Thymian

Wiesenkönigin

Wacholder

Ysop

Abgespanntheit/Müdigkeit

Hauptursache für körperliche und geistige Ermüdung ist die Ablagerung von Stoffwechselschlacken in den Zellen. Deshalb nützt es nichts, wenn Sie diese Ermüdungserscheinungen mit anregenden Mitteln, wie z. B. Koffein überspielen. Gönnen Sie lieber Ihrem Körper die für ihn wichtigen Erholungsphasen.

Übermäßige Ermüdbarkeit ist meist ein Zeichen für eine verborgene Krankheit. In solch einem Falle sollten Sie unbedingt einen Arzt aufsuchen, damit die Ursachen aufgedeckt und beseitigt werden können.

Sorgen Sie für ausreichende körperliche Bewegung und eine ballaststoffreiche Ernährung. Die Beseitigung der Stoffwechselschlacken sollte unterstützt werden durch Kräutertees, die dem Körper bei der Ausscheidung von Giftstoffen helfen und solchen, die anregend auf den Stoffwechsel wirken. Als Ergänzung empfiehlt es sich, morgens nüchtern ein Glas frisch gepreßten Orangensaft oder Möhrensaft zu trinken.

Sie haben die Wahl unter folgenden Teezubereitungen:

* Je 1 Prise **Melisse, Rosmarin, milde Minze** und **Quendel** pro Tasse kochendes Wasser, 4 Minuten ziehen lassen, 1 Tasse am Tag trinken. Falls Sie nicht zuckerkrank sind, können Sie diesen Tee mit Rosmarinhonig süßen.
* Eine Abkochung mit **Lindensplint** hilft dem Körper bei der Ausscheidung von Giftstoffen. Dazu 4 Prisen Lindensplint mit ½ l Wasser aufkochen und 5 – 10 Minuten kochen lassen. 1 Prise **milde Minze,** 2 Prisen **Wildorangenknospen** und 1 Prise **Schafgarbe** mit dieser Abkochung überbrühen. Nach ca. 4 Minuten abseihen und diese Mischung 2 – 3 Mal täglich trinken.
* Vor allem, wenn die Abgespanntheit durch eine chronische Krankheit verursacht wird, hilft eine Abkochung mit **Löwenzahnwurzeln,** die ableitend auf den Stoffwechsel wirkt. Nehmen Sie dazu 1 – 2 Prisen Löwenzahnwurzeln auf eine Tasse Wasser, kurz aufkochen und 7 – 10 Minuten ziehen lassen. Trinken Sie morgens und mittags je 1 Tasse. Sie können zu den Wurzeln auch frische Löwenzahnblätter geben, wenn Sie die Möglichkeit haben, diese auf einer kunstdüngerfreien und nicht durch Abgase belasteten Wiese zu ernten.

Allergien

Unter einer Allergie versteht man die überempfindliche Reaktion der Haut gegenüber gewissen Substanzen oder Umwelteinflüssen. Es gibt eine Vielzahl von Allergien, die sich durch unterschiedliche Hautreaktionen äußern. Die Diagnose ist oft selbst für den erfahrenen Dermatologen schwierig. Als Auslöser für Allergien kommen unter anderem Modeschmuck, Metalle, Kosmetika, Lebensmittel etc. in Frage. Auch Streß und Aufregung können Allergien auslösen.

Die allergischen Reaktionen sind ebenso unterschiedlich, wie die sie auslösenden Faktoren. Es können sogar so bedrohliche Zustände wie Lungenödeme, Asthma, Gesichtsödeme etc. auftreten, die die sofortige Einweisung in eine Klinik erforderlich machen.

Meist läßt sich nur durch einen umfangreichen Allergietest herausfinden, wodurch die Allergie in speziellen Fällen ausgelöst wird.

Eine biologische, vollwertige Ernährung hilft bei der Vorbeugung gegen Allergien. Bewährt hat sich auch der Verzehr von schwarzen Johannisbeeren oder Heidelbeeren. Vermeiden Sie den Kontakt mit chemischen Mitteln, auch Modeschmuck, Bekleidung aus Kunstfasern etc. wo immer dies möglich ist.

Die folgenden Rezepturen, die ich Ihnen mit auf den Weg geben möchte, ersetzen auf keinen Fall einen Arztbesuch.

* **Malvenblüten** können erfolgreich gegen alle Formen von Allergien, Reizungen und Rötungen eingesetzt werden. Bei Hautausschlägen, die durch Modeschmuck hervorgerufen werden, gilt Malve wegen ihrer homöopathisch dosierten Mineralkombination als unentbehrlich.

* Auch ein Aufguß mit folgenden Kräutern hat sich bei Allergien bewährt:
  3 Prisen **Ysop** *oder* 3 Prisen **Bohnenkraut** *oder* 2 Prisen **Thymian** jeweils auf eine Tasse kochendes Wasser.

* Und hier noch eine wohlschmeckende Mischung, die das Immunsystem stärkt:
  Aufguß aus 2 Prisen **Ysop,** 1 Prise **Bohnenkraut,** 1 Prise **Rosenknospen,** 1 Prise **Thymian,** 2 Prisen **Quendel** und 1 Prise **Lavendel** auf ½ Liter kochendes Wasser.

Angina pectoris

Diese schwerwiegende Gesundheitsstörung muß unbedingt von einem Arzt behandelt werden. Wichtig ist eine regelmäßige Kontrolle von Harnsäure, Blutfettwerten und Blutdruck.

Die Angina pectoris äußert sich durch Atemnot, beklemmendes Gefühl in der Brustgegend und Schmerzen in der linken Brusthälfte, die in die linke Körperhälfte, vor allem den linken Arm ausstrahlen. Sollten die Schmerzen unerträglich werden und von einem beklemmenden Gefühl begleitet sein, dann ist die Gefahr eines Herzinfarkts gegeben. Es muß unverzüglich die Einweisung in ein Krankenhaus erfolgen.

Bei Angina pectoris ist es dringend erforderlich, daß die Risikofaktoren ausgeschaltet werden. Risikofaktoren sind vor allem Nikotinmißbrauch, Bluthochdruck, erhöhte Blutfettwerte (durch Schweinefleisch), Streß und psychische Belastungen.

Zur Unterstützung der ärztlichen Behandlung eignen sich folgende Kräutertees:

* Je 1 Prise **Melisse, römische Kamille, Wildorangenknospen** und **Olivenblätter** pro Tasse kochendes Wasser, 4 Minuten ziehen lassen. 1 Tasse am Tag trinken. Falls Sie nicht zuckerkrank sind, können Sie den Tee mit Orangenblütenhonig süßen.
* Aufguß mit 2 Prisen **Wiesenkönigin** auf 1 Tasse kochendes Wasser. Davon 2 Tassen am Tag trinken.

Appetitlosigkeit

Appetitlosigkeit kann verschiedene Ursachen haben. Sie kann eine sinnvolle Schutzmaßnahme bei Krankheiten sein, um den Körper vorübergehend von der Verdauungsarbeit zu entlasten, damit er die volle Kraft auf die Abwehr der Krankheiten richten kann. Daher sollte bei länger andauernder Appetitlosigkeit immer ein Arzt aufgesucht werden, um die Ursache festzustellen.

Hilfreich gegen Appetitlosigkeit ist es, wenn Sie morgens nüchtern ein Glas frisch gepreßten Orangensaft oder Karottensaft trinken. Außerdem rate ich Ihnen, Fleischgerichte, Fisch und Salat mit viel frischen Kräutern anzurichten, wie Pfefferminze, Petersilie, Kerbel, Estragon, Thymian, Dill, Zwiebeln und Schalotten.

Bei vorübergehender Appetitlosigkeit, die oft auch seelisch bedingt ist, gibt es eine Vielzahl von Kräutern, die appetitanregend wirken. Hier möchte ich Ihnen eine kleine Auswahl zusammenstellen:

* 2 Blüten der **römischen Kamille** und je 2 Prisen **Thymian** und **Melisse** mit ¼ l kochendem Wasser überbrühen und 4 Minuten ziehenlassen, 2 Tassen am Tag trinken. Der Tee kann mit Thymianhonig gesüßt werden, falls Sie nicht zuckerkrank sind.
* Abkochung aus **Löwenzahnwurzeln** *oder* **Enzianwurzeln.** Nehmen Sie dazu 2 Prisen Wurzeln auf einen halben Liter Wasser und kochen Sie die Wurzeln 7 – 10 Minuten mit. Als Geschmacksverfeinerer nach dem Kochen **Wildorangenknospen, Citronelle** oder **milde Minze** beigeben und kurz mitziehen lassen. Abseihen und vor den Mahlzeiten eine Tasse trinken.
* **Schafgarbentee:** 2 Prisen mit 1 Tasse heißen Wassers überbrühen, 5 Minuten ziehen lassen. Nicht kochen. Zu den Mahlzeiten je eine Tasse trinken.
* Auch **Ysop** und **Majoran** zählen zu den appetitanregenden Kräutern. So bereiten Sie den honigartigen Aufguß: je 2 Prisen mit ½ l Wasser zum Kochen bringen. Wenn das Wasser zu kochen beginnt, den Topf vom Feuer nehmen und 5 Minuten ziehen lassen. 3 Tassen täglich trinken. Nervöse Leute sollten Ysop jedoch mit Vorsicht verwenden.

Arteriosklerose

Bei der Arteriosklerose handelt es sich um eine Gefäßverengung, die oft auch als "Arterienverkalkung" bezeichnet wird. Als Ursache kommen Stoffwechselstörungen in Betracht.

Äußerliche Anzeichen für die Arteriosklerose sind Vergeßlichkeit, Müdigkeit, Schwindelgefühl, Kopfschmerzen, aber auch Arbeitsunlust und Schlafstörungen.

Um diese Krankheit in den Griff zu bekommen, ist eine ständige ärztliche Kontrolle von Blutdruck und Blutfettwerten notwendig. Diese Werte müssen durch eine entsprechende Diät normalisiert werden. Fettes Fleisch und Wurst sollten gemieden und durch eine vitamin- und pflanzenreiche vollwertige Ernährung ersetzt werden. Ebenso ist der Verzicht auf Alkohol und Nikotin unerläßlich.

Ich rate Ihnen, ungesalzenes Gemüsekochwasser zu trinken und empfehle Ihnen folgende Gemüse- und Obstsorten: Knoblauch, Artischocken, Karotten, Kirschen, Kohl, Zitronen, Zwiebeln, Porree, Ananas, Äpfel, Birnen, Rettich, Löwenzahnsalat, Endivien- und Chicoreesalat und grünen Salat. Außerdem viel Haferflocken. Wichtig ist auch viel Bewegung an frischer Luft.

Zur Unterstützung der Behandlung bzw. zur Vorbeugung empfehle ich folgende Kräuter:

* 3 Prisen **Löwenzahnwurzel,** 3 Prisen **Lindensplint** und 2 Prisen **Olivenblätter** 5 Minuten in ½ l Wasser kochen lassen und danach je 2 Prisen **Eschenblätter** und **Steinsame** dazugeben und das Ganze nochmals 5 Minuten ziehen lassen. Von diesem Tee 2 Tassen am Tag trinken. Mit Pyrenäen-Honig süßen, falls Sie nicht zuckerkrank sind.
* Morgens eine Tasse folgender Tee-Mischung trinken: 4 Prisen **Lindensplint** mit ½ l Wasser aufkochen und ca. 8 – 10 Minuten kochen lassen. Anschließend je 1 Prise **Wildorangenknospen, Basilikum, Lindenblüten** und **Olivenblätter** mit dem Absud überbrühen und nach 4 Minuten abseihen.
* **Schwarzer Tee** wirkt vorbeugend gegen Arterienverkalkung.

Arthritis und Arthrose

Bei diesen Gelenk-Erkrankungen ist unbedingt eine ärztliche Behandlung erforderlich. Bei Arthritis und Arthrose ist es wichtig, daß Stoffwechselschlacken aus dem Körper entfernt werden. Dies geschieht durch entsprechende Ernährung und die Unterstützung des Stoffwechsels durch geeignete Kräutertees. Bewegungstherapie und Wärmebehandlungen sollten zum täglichen Programm gehören.

Als *Arthritis* bezeichnet man die akute Gelenkentzündung. Die Heilung wird unterstützt durch Fastenkuren und fleischarme oder sogar vegetarische, vollwertige Ernährung. Ich rate Ihnen, bei der Ernährung folgende Gemüse besonders zu berücksichtigen: Knoblauch, Artischocken, Salate – vor allem Endivien- und Löwenzahnsalat –, Kohl, Zwiebeln, Rettich und Radieschen, Karotten, Porree, Gurken, Ananas, Äpfel, Birnen und Weintrauben.

Bei der *Arthrose* handelt es sich um chronische Gelenkveränderungen, die vor allem im Knie auftreten. Sie beginnt mit dem Aufrauhen der Knorpelschichten in den Gelenken und wird selten im Anfangsstadium bemerkt. Begünstigt wird die Entstehung der Arthrose durch Übergewicht, Bewegungsmangel und falsche Belastung der Gelenke. Deshalb beginnt die Behandlung, falls notwendig, mit der Bekämpfung des Übergewichts. Auch hier sollte auf vollwertige, überwiegend vegetarische Ernährung geachtet werden. Eine entsprechende Bewegungstherapie und Massagen zur Kräftigung der Muskulatur wirken dieser Krankheit entgegen.

Heilbar ist die Arthrose nicht, aber durch geeignete Behandlung kann das Eintreten von Invalidität verhindert werden. Mein Rat für die Ernährung: Trinken Sie morgens nüchtern frischen Weintraubensaft und führen Sie in der entsprechenden Jahreszeit Kuren mit frischen Erdbeeren, Himbeeren und schwarzen Johannisbeeren durch. Folgendes Obst und Gemüse ist besonders zu empfehlen: Knoblauch, Sellerie, Karotten, Rettich, Kohl (außer Rosenkohl!), Porree, Artischocken, Zwiebeln, Endivien- und Löwenzahnsalat, Kopfsalat, Feldsalat, Äpfel, Birnen, Kirschen, Melone, Zitrone, Brombeeren. Auf jeden Fall meiden sollten Sie Sauerampfer, rote Johannisbeeren, Spinat, Feigen, Spargel, Schokolade, Kakao und Rhabarber.

* Gegen *Arthrose:* 4 **Wacholderbeeren** und 4 Prisen **Löwenzahnwurzeln** 4 Minuten lang in ½ l Wasser kochen lassen. Danach 3 Prisen **Wiesenkönigin,** 2 Prisen Eschenblätter und 2 Prisen **Silberweide** hinzufügen und nochmals 4 Minuten ziehen lassen.

Davon 2 Tassen am Tag trinken. Mit Rosmarinhonig süßen, falls Sie nicht zuckerkrank sind.

Die schmerzenden Stellen mit folgendem Öl einreiben: 8 Prisen **römische Kamille** in 25 ml reinem Olivenöl eine halbe Stunde lang im Wasserbad erhitzen.

Sehr gut bewährt hat sich auch eine Massage der schmerzenden Stellen mit einer **Revitalisierungscreme mit Wacholder- und Schafgarbe-Extrakten.**

* Gegen *Arthritis:* Je 3 Prisen **Lindensplint** und **Queckenwurzel** 5 Minuten in ½ l Wasser zusammen kochen und danach je 2 Prisen **Wiesenkönigin, Quendel** und **Silberweide** zufügen und das Ganze 4 Minuten ziehen lassen. Davon 2 Tassen am Tag trinken. Mit Rosmarinhonig süßen, falls Sie nicht zuckerkrank sind.

Zusätzlich sollten Sie 2 mal pro Woche ein **Rosmarin-Vollbad** nehmen. Geben Sie dazu 2 Handvoll Rosmarin in 3 Liter Wasser und lassen Sie die Mischung 10 Minuten kochen. Dann durch ein Sieb ins Badewasser gießen.

Asthma

Asthma äußert sich durch eine schwere Behinderung beim Ausatmen. Ursachen können Allergien oder psychische Faktoren sein.

Wichtig ist bei dieser Krankheit, daß Angst und Unruhe, die mit als mögliche Ursachen in Frage kommen, beseitigt werden. Sinnvoll ist auch ein Allergie-Test, da Asthma durch allergische Reaktionen auf bestimmte Stoffe ausgelöst werden kann.

Für die Ernährung kann ich Asthmatikern folgendes Obst und Gemüse empfehlen: Spargel, Artischocken, Zitrone, Kohl, Knoblauch, Zwiebeln, Porree, Gurke, Kresse, Radieschen, Kopfsalat, Löwenzahn-, Endivien- und Chicoreesalat, Kerbel, Schwarzwurzeln, Petersilie, Basilikum, Estragon, Karotte, Rettich, Orange, Himbeeren, Brombeeren und Pampelmusen.

Der Asthma-Kranke sollte versuchen, Verkrampfungen der Luftwege zu lösen und den Schleim zu fördern. Dazu sind folgende Kräuter-Rezepturen geeignet:

* 2 Prisen **Thymian,** 1 Prise **Eukalyptusblätter,** 2 Prisen **Melisse,** 2 Prisen **Ysop** und 2 Prisen **Malvenblüten** mit ½ l kochendem Wasser überbrühen und 5 Minuten ziehen lassen. 2 Tassen am Tag trinken. Mit Eukalyptushonig süßen, falls Sie nicht zuckerkrank sind.
* Nehmen Sie 2 Prisen **Anis** und überbrühen Sie diese mit 1 Tasse kochenden Wassers, 5 Minuten ziehen lassen und 3 Tassen täglich trinken.
* Auch ein Aufguß mit **Lavendelblüten** *oder* **Melisse** trägt durch seine beruhigende Wirkung zur Linderung bei.
* Nutzen Sie auch die krampflösende Wirkung des **Majoran.** Bereiten Sie eine Abkochung aus 2 – 3 Prisen Majoran, die Sie mit 1 Tasse Wasser kalt ansetzen und zum Kochen bringen. Das ganze kurz aufkochen lassen, nach ca. 5 Minuten abseihen und 2 – 3 Tassen täglich warm trinken.
* In der *äußerlichen Anwendung* schafft eine Inhalation mit **milder Minze** Erleichterung. Geben Sie dazu eine Handvoll Blätter der milden Minze in 1 – 2 Liter kochendes Wasser und inhalieren Sie den Dampf, indem Sie das Gesicht über das dampfende Gefäß halten und sich ein großes Handtuch über den Kopf hängen, damit der Dampf nicht entweichen kann.
* Entkrampfend wirkt auch ein warmes Fußbad mit aufsteigender Temperatur. Die Temperaturerhöhung erreicht man durch stetiges Nachgießen von heißem Wasser.

Atemwegserkrankungen

Erkrankungen der Atemwege können verschiedene Ursachen haben. Oft werden sie durch Virus-Infektionen hervorgerufen. Deshalb ist es wichtig, die körpereigenen Abwehrkräfte zu stärken.

Folgendes Obst und Gemüse wird bei Bronchialasthma besonders empfohlen: Spargel, Artischocken, Gurken, Salat, Löwenzahnsalat, Kresse, Endivien, Zwiebeln, Knoblauch, Porree, Schwarzwurzeln, Karotten, Rettich, Radieschen, Petersilie, Kerbel, Basilikum, Estragon, Äpfel, Orangen, Zitronen, schwarze Johannisbeeren, Himbeeren und Brombeeren.

* Zur *Stärkung der Abwehrkräfte* eignet sich **Lindenblüten**tee, den Sie als Aufguß mit 2 – 3 Prisen Lindenblüten pro Tasse Wasser zubereiten.
* *Krampflösend* wirkt eine Abkochung aus **Majoran.** Setzen Sie dazu 2 – 3 Prisen Majoran mit einer Tasse kalten Wassers an. Das Ganze aufkochen und kurz ziehen lassen. Davon 2 – 3 Tassen täglich trinken.
* *Desinfizierend* wirkt ein **Thymian**-Aufguß, für den Sie 2 Prisen Thymian pro Tasse Wasser verwenden.
* Eine wohltuende Wirkung bei *Atemwegserkrankungen* hat **Anis.** Zerquetschen Sie dazu 2 Prisen Körner und übergießen Sie diese mit 1 Tasse kochenden Wassers. Nach 5 – 10 Minuten abseihen und warm trinken.
* Bei *Bronchialasthma* ist eine Linderung durch folgenden Tee möglich: Je 2 Prisen **Gänseblümchen, Malvenblüten, Quendel** und 1 Prise **Eukalyptusblätter** mit ½ l kochendem Wasser überbrühen und 4 Minuten ziehen lassen. 2 Tassen am Tag trinken und mit Eukalyptushonig süßen, falls Sie nicht zuckerkrank sind.

Augenerkrankungen

Augenbeschwerden treten häufig in Form von Entzündungen auf. Bei schweren Fällen, oder wenn die Entzündung nicht nach wenigen Tagen verschwindet, ist ein Besuch beim Arzt erforderlich.

Wenn das "Weiße" im Auge blutunterlaufen ist oder die Lider beim Aufwachen eitrig verklebt sind, handelt es sich meistens um eine Bindehautentzündung, auch Konjunktivitis genannt. Die Entzündung kann harmlos verlaufen; es gibt aber auch schwerwiegende Formen, die durch Erreger hervorgerufen werden und sogar ansteckend sein können. Deshalb sollten Sie grundsätzlich einen Arzt hinzuziehen. Wer anfällig für Augenentzündungen ist, sollte sich vor kaltem Wind und Zugluft in Acht nehmen.

Es gibt einige sanfte Kräuter, die – äußerlich angewendet – bei Augenentzündungen helfen können:

* Bei *Lidrandentzündungen* hat sich ein Absud mit **Malvenblüten** bewährt. Überbrühen Sie dazu 4 Prisen Malvenblüten mit 1 Tasse kochendem Wasser und lassen Sie den Aufguß 5 Minuten ziehen. Sorgfältig filtern und mit dem lauwarmen Tee morgens und abends die Augen (möglichst mit einer Augenbadewanne) baden.

  Zusätzlich sollten Sie pro Tag 1 Tasse des folgenden Tees trinken: Je 2 Prisen **Thymian, römische Kamille** und **Rosmarin** mit einer Tasse kochendem Wasser überbrühen und 5 Minuten ziehen lassen.

* Bei *Augen- und Bindehautentzündungen* läßt sich mit **Fenchel** abhelfen. Setzen Sie 2 Eßlöffel Fenchelsamen mit ½ Liter Wasser an und kochen Sie das Ganze 5 Minuten, danach sorgfältig filtern. In den Fenchel-Absud tauchen Sie kleine Kompressen oder Wattepads und legen diese auf die Augen.

* Auch der **Kerbel** hat sich bei *Reizungen* und *Entzündungen* der Augen bewährt. Überbrühen Sie eine Handvoll dieses Krautes mit ¼ Liter kochenden Wassers, lassen es 10 Minuten ziehen und bereiten Sie Kompressen mit dem Aufguß.

* Bei akuten Fällen von *Bindehautentzündung* haben sich Augenspülungen mit einem Aufguß aus **römischer Kamille** bewährt (3 Blütenköpfchen auf 1 Tasse Wasser).

Wichtig: Aufguß bzw. Absud für Augenbäder und Kompressen jedesmal neu zubereiten. Auf keinen Fall aufbewahren und wiederverwenden!

Blasenentzündung und Harnwegsinfektionen

Eine Entzündung der Harnblase macht sich durch Schmerzen beim Wasserlassen, Brennen in der Harnröhre und häufigen Harndrang bemerkbar. Ein weiteres Symptom ist schlechtes Allgemeinbefinden und in manchen Fällen auch unkontrollierbarer Harnfluß.

Verursacht wird die Blasenentzündung durch hartnäckige Bakterien, deren Verbreitung durch kalte Füße oder sonstige Kälte-Einflüsse begünstigt wird. Es ist auf jeden Fall eine ärztliche Behandlung notwendig, die über mehrere Wochen hinweg durchgeführt werden sollte, da die Entzündung sonst chronisch wird und die Nieren in Mitleidenschaft ziehen kann.

Zur Unterstützung der ärztlichen Therapie sollten Sie ausreichend trinken, aber auf kalte Getränke verzichten. Scharfe Gewürze wie Pfeffer und Piment, Sauerampfer, Spargel, schwarzer Tee, Essig und Alkohol sollten gemieden werden. Ratsam ist der Verzehr von Gemüsebouillon, besonders mit Porree und Zwiebeln. Es ist auch wichtig, daß Sie Ihren Körper warm halten, vor allem die Füße und die Blasen- und Nierengegend.

Ergänzend dazu kann ich Ihnen folgende Rezepturen empfehlen:

* 3 Prisen **Kirschenstiele,** 3 Prisen **Queckenwurzeln** und 4 **Wacholderbeeren** zusammen 5 Minuten in ½ l Wasser kochen lassen. Danach 2 Prisen **Thymian** und 3 Prisen **Heidekrautblüten** hinzugeben und nach 4 Minuten abseihen. Täglich 2 Tassen trinken. Mit Pyrenäen-Honig süßen, falls Sie nicht zuckerkrank sind.
* Ideale Flüssigkeits-Spender sind **Erdbeerblätter** und **Wiesenkönigin,** die sich hervorragend zum Durchspülen der Nieren eignen. Nehmen Sie etwa 3 Prisen Erdbeerblätter *oder* Wiesenkönigin auf 1 Tasse Wasser. Den Aufguß 5 Minuten ziehen lassen und täglich mehrere Tassen davon trinken.
* Der Heilungsprozeß wird gefördert durch die antiseptische Wirkung von Tee aus **Thymian** oder **Lavendel.** Nehmen Sie dazu 2 Prisen des Krautes für eine Tasse Wasser und lassen Sie den Tee 5 Minuten ziehen.
* Äußerlich kann die Heilung durch warme Voll- oder Sitzbäder unterstützt werden, denen man **Heidekraut,** Blüten der **römischen Kamille** oder **Eukalyptusblätter** zusetzt.

Blutdruck

Oft ist die Neigung zu *niedrigem Blutdruck* erblich bedingt. Auch Schockwirkungen, Blutarmut, Unterzucker oder Störungen im vegetativen Nervensystem können die Ursache sein.

Niedriger Blutdruck macht sich durch die Neigung zu Schwindelanfällen und durch Kopfschmerzen bemerkbar. Meist kann man die Beschwerden beheben, indem man sich hinlegt. Menschen, die an niedrigem Blutdruck leiden, sollten morgens nicht zu schnell vom Bett aufstehen sondern sich langsam und schrittweise aufrichten.

* Zur Beseitigung der Symptome ist **Rosmarin** hervorragend geeignet: Von außen wirkt er als Badezusatz. Bereiten Sie dazu einen konzentrierten Rosmarin-Absud aus etwa 1 Handvoll des Krautes und setzen Sie diesen dem Badewasser zu.

  Zur Anregung von innen bereiten Sie sich bitte einen Aufguß mit 2 Prisen Rosmarinblättern und 1 Prise Salbei auf 1 Tasse Wasser. Davon mehrmals täglich eine Tasse trinken.

* Gegen niedrigen Blutdruck eignet sich auch der folgende Tee sehr gut: je 2 Prisen **Salbei, Rosmarin, Süßholz, Thymian** und **milde Minze** mit ½ Liter kochendem Wasser überbrühen und 4 Minuten ziehen lassen. 2 Tassen am Tag trinken und mit Rosmarinhonig süßen, falls Sie nicht zuckerkrank sind oder Unterzucker haben.

Die sogenannte *Hypertonie (hoher Blutdruck)* birgt immer die Gefahr eines Herztodes und sollte deshalb gründlich behandelt werden. Wer die Neigung zu hohem Blutdruck hat, muß regelmäßig seinen Arzt aufsuchen und den Blutdruck kontrollieren lassen.

Bei **hohem Blutdruck** sollten Sie auf salzarme Ernährung achten und Fette, Schokolade und Wurstwaren von Ihrem Menüplan streichen. Ebenso sind Alkohol und Tabak zu meiden. Ich empfehle Ihnen, häufig folgendes Obst und Gemüse zu essen: Knoblauch, Zwiebeln, Porree, Löwenzahn-, Chicoree-, Endivien- und Kopfsalat, Auberginen, Artischocken, Rettich, Weintrauben, Erdbeeren, Kirschen, Heidelbeeren, Himbeeren, schwarze Johannisbeeren, Orangen und Äpfel. Günstig sind auch Pflanzenöle und -fette, sowie der häufige Verzehr von Haferflocken.

Zur Vorbeugung gegen Bluthochdruck empfehle ich Ihnen folgende Kräutermischungen:

* 3 Prisen **Olivenblätter,** 1 Prise **Lindenblüten,** 1 Prise **Wiesenkönigin**, 1 Prise **Lavendelblüten,** 1 Prise **Gänseblümchen** und

1 Prise **Melisse** mit ½ Liter kochenden Wassers überbrühen und 4 Minuten ziehen lassen. 2 Tassen täglich trinken.

* 3 Prisen **Olivenblätter** 5 Minuten lang in ½ Liter Wasser kochen lassen und folgende Kräuter hinzufügen: je 2 Prisen **Wiesenkönigin, Gänseblümchen** und **Wildorangenblüten.** Noch 5 Minuten zusammen ziehen lassen und 2 Tassen am Tag trinken.

Die Tees mit Orangenblütenhonig süßen, falls Sie nicht zuckerkrank sind.

Blutreinigung

Bei allgemeiner Müdigkeit und Schwächegefühl, sowie zur Vorbeugung gegen verschiedene Krankheiten, ist eine Kur zur Blutreinigung empfehlenswert. Auch bei Krankheiten, die sich nicht auf ein bestimmtes Organ lokalisieren lassen, ist eine Blutreinigung angebracht. Im Frühjahr besinnen sich viele Menschen auf die Blutreinigung und führen entsprechende Kuren durch.

Es gibt eine Reihe von Pflanzen, die eine blutreinigende Wirkung haben. Diese Wirkung wird hauptsächlich durch Saponine, ätherische Öle und Kieselsäure hervorgerufen. Hier einige Rezepturen:

* Absud mit **Queckenwurzeln** *oder* **Löwenzahnwurzeln:** 2 Prisen Wurzeln mit 1 Tasse Wasser kalt ansetzen, 7 – 10 Minuten kochen lassen und davon täglich eine Tasse trinken. Zur Geschmacksverfeinerung nach dem Kochen 2 Prisen **milde Minze, Citronelle** oder **Wildorangenknospen** zugeben und kurz mitziehen lassen.
* 3 Prisen **Erdbeerblätter** mit 1 Tasse kochendem Wasser überbrühen, 4 Minuten ziehen lassen und mehrere Tassen täglich trinken.
* Aufguß mit 2 Prisen **Gänseblümchen** auf eine Tasse Wasser, 5 Minuten ziehen lassen, täglich 3 Tassen davon trinken.
* 5 **Wacholderbeeren** mit 1 Tasse kochenden Wassers überbrühen und 5 – 7 Minuten ziehen lassen. Morgens und abends eine Tasse warm trinken. Nicht anwenden bei Nierenkrankheiten und nicht länger als 4 Wochen anwenden. Fragen Sie Ihren Arzt.

Bronchitis

Hohes Fieber, Schüttelfrost, Lungenschmerzen und starker Husten, der mit eitrigem, gelblich-grünem Auswurf einhergeht, kennzeichnen die akute Bronchitis. Diese ernstzunehmende Krankheit muß gut auskuriert werden und zwar unter ärztlicher Kontrolle.

Die chronische Bronchitis äußert sich oft nur durch Husten und leicht erhöhte Temperatur und wird deshalb vielmals nicht erkannt.

Bei beiden Arten der Bronchitis kann man mit Hilfe von Kräuter-Anwendungen eine gute Besserung erzielen. Daneben rate ich Ihnen, viel Knoblauch und Zwiebeln zu essen, da deren ätherische Öle vor allem über die Lunge ausgeschieden werden und dort die Krankheitserreger vernichten. Auch folgende Obst- und Gemüsearten sind zu empfehlen: Spargel, Artischocken, Kohl, Gurke, Kopfsalat, Löwenzahnsalat, Endivien- und Chicoreesalat, Schwarzwurzeln, Karotten, Rettich, Radieschen, Petersilie, Basilikum, Estragon, Kresse, Orangen, Himbeeren, Brombeeren, Pampelmusen und Zitronen.

Hier meine Rezepturen:

* Mehrmals täglich eine Tasse **Lindenblüten-**Tee trinken. Nehmen Sie für diesen Aufguß 2 Prisen Lindenblüten auf eine Tasse Wasser. Dieser Tee stärkt gleichzeitig die körpereigenen Abwehrkräfte.
* Sehr wirksam bei Bronchitis, vor allem wenn diese mit Entzündungen der Schleimhäute einhergeht, sind **Malvenblüten.** Nehmen Sie 2 Prisen auf 1 Tasse Wasser, heiß überbrühen, 5 Minuten ziehen lassen und warm trinken.
* Bei fieberhafter Bronchitis kann ein Aufguß mit **Silberweide** Abhilfe schaffen.
* 1 Prise **Thymian,** 1 Prise **Quendel,** 1 Prise **Ysop** und 2 Prisen **Wildorangenknospen** mit 1 Tasse kochenden Wassers überbrühen und 5 Minuten ziehen lassen.
* Je 2 Prisen **Lavendel, Malvenblüten, Thymian** und **Gänseblümchen,** sowie 1 Prise **Eukalyptusblätter** mit ½ Liter kochendem Wasser überbrühen, 5 Minuten ziehen lassen und davon 2 Tassen am Tag trinken. Mit Eukalyptushonig süßen, falls Sie nicht zuckerkrank sind.
* Von außen wird die Heilung unterstützt durch Gesichtsdampfbäder mit **römischer Kamille** oder **milder Minze.**

Depressionen

Bei Depressionen und Angstzuständen sollte in jedem Fall ein Arzt zu Rate gezogen werden. Auch psychotherapeutischer Rat kann helfen, die Ursache aufzudecken und mit der Angst umzugehen.

Organische Krankheiten, Streß und Überanstrengung können zu vorübergehenden Depressionen/Angstzuständen führen. Ehe man zu Beruhigungsmitteln greift, sollte man es lieber mit Kräuter-Tees versuchen.

Für die Ernährung rate ich Ihnen, morgens nüchtern ein Glas frisch gepreßten Orangensaft oder Karottensaft zu trinken. Folgendes Obst und Gemüse wird empfohlen: Knoblauch, Spinat, Kohl, Porree, Rettich, Artischocken, Zwiebeln, Auberginen, Löwenzahn-, Kopf- und Feldsalat, Erdbeeren, Himbeeren, Johannisbeeren (besonders schwarze), Zitrone, Aprikosen, Orangen, Pflaumen, Birnen und Äpfel. Keine alkoholischen Getränke!

* 2 Prisen **Eisenkraut,** 1 Prise **Basilikum,** 1 Prise **Wildorangenknospen,** 1 Prise **Lavendelblüten** und 1 Prise **Salbei** mit ½ l kochenden Wassers überbrühen und 4 Minuten ziehen lassen. Abends vor dem Schlafengehen trinken. Menschen mit Neigung zu hohem Blutdruck sollten Salbei durch Majoran ersetzen.
* Wirksam ist auch ein **Melissentee.** Überbrühen Sie dazu 2–3 Prisen Melissenblätter mit 1 Tasse kochendem Wasser, lassen Sie das Ganze 5 Minuten ziehen und trinken Sie 2 Tassen täglich.
* 2 Prisen **römische Kamille,** 2 Prisen **Rosmarin,** 2 Prisen **Majoran,** 1 Prise **Salbei** (bei hohem Blutdruck Salbei weglassen) und 2 Prisen **Wildorangenknospen** mit ½ l kochendem Wasser überbrühen, 4 Minuten ziehen lassen, 2 Tassen am Tag trinken.

Falls Sie nicht zuckerkrank sind oder Unterzucker haben, können Sie Ihren Tee mit Orangenblütenhonig süßen.

Diabetes (Zuckerkrankheit)

Bei Diabetes ist eine ständige Kontrolle und Behandlung durch den Arzt erforderlich. Die Behandlung darf auf keinen Fall unterbrochen werden. Die vorgegebene Diät muß streng befolgt werden. Zu meiden sind Zucker, Eßkastanien, Honig, Marmelade, süße Getränke und Kuchen.

Kräutertees ohne Zucker-Zusatz bilden eine gute Alternative zu zuckerhaltigen Getränken.

* Nutzen Sie die blutzuckersenkende Wirkung der Olivenblätter und Wacholderbeeren und trinken sie folgende Mischung:
  6 **Wacholderbeeren** und 3 Prisen **Olivenblätter** 5 Minuten in ½ l Wasser kochen lassen und folgendes hinzufügen: 2 Prisen **Wiesenkönigin,** 1 Prise **Salbei** und 2 Prisen **Eukalyptusblätter.** Das Ganze noch 4 Minuten zusammen ziehen lassen. 2 Tassen am Tag *ohne Zucker oder Honig* trinken.

  Bei Neigung zu erhöhtem Blutdruck auf Salbei verzichten!
* Für Diabetiker, die zu Furunkeln neigen, ist ein Aufguß mit **Erdbeerblättern** ideal. Trinken Sie dreimal täglich ungesüßt einen Aufguß mit 2 Prisen Erdbeerblättern auf eine Tasse kochendes Wasser.

Durchblutungsstörungen

Durchblutungsstörungen treten im allgemeinen bei älteren Menschen auf und sind oft bedingt durch Arterienverkalkung. Aber auch bei jüngeren Menschen können sich Durchblutungsstörungen einstellen. Durch eine vernünftige Lebensweise und gesunde Ernährung können diese Leiden gemindert werden. Die Durchblutungsstörungen äußern sich durch Schmerzen in den Waden, die beim Gehen auftreten.

Wer zu Durchblutungsstörungen neigt, sollte immer bequeme Schuhe tragen, die nicht zu eng sind, und häufig barfuß gehen. Bei leichten Fällen können die Durchblutungsstörungen durch gymnastische Übungen erheblich verbessert werden. Am besten fragen Sie Ihren Arzt nach geeigneten Maßnahmen.

Bei der Ernährung wird folgendes Obst und Gemüse besonders empfohlen: Knoblauch, Artischocken, Gurken, Tomaten, Mangold, grüne Bohnen, Rettich, Radieschen, Auberginen, Porree, Karotten, alle Salatsorten, Zwiebeln, Schwarzwurzeln, Kohl, Äpfel, Birnen, Kirschen, Erdbeeren, Himbeeren, schwarze Johannisbeeren, Ananas, Weintrauben, Heidelbeeren, Orangen, Pampelmusen und Pfirsiche. Eine positive Wirkung hat auch der häufige Verzehr von Haferflocken.

Alkohol und Tabak sind auf jeden Fall zu meiden. Sportliche Betätigung ist angesagt, um die Durchblutung anzuregen.

Nutzen Sie im Sommer jede Gelegenheit, um am Meer im Wasser zu gehen oder das Gleiche in einem flachen Wasserbecken oder Bach zu tun, denn der Einfluß von kühlem Wasser auf die Gefäße ist ausgezeichnet. Danach die Füße mit einer Bürste massieren, jedoch nicht bei Krampfadern und offenen Beinen.

Weiter rate ich Ihnen, die Emulsion "Beinfrisch" mit Extrakten aus Hamamelis, Roßkastanie, natürlicher Minze-Essenz und Auszügen aus Quecke, Efeu, Schöllkraut und Brennessel zu verwenden. Diese Emulsion wird mit leichten Massagestrichen vom Fuß bis zum Knie aufgetragen.

Meine Tee-Rezeptur zur besseren Durchblutung:

* 4 Prisen **Löwenzahnwurzeln** in ½ l Wasser geben und 5 Minuten lang kochen lassen. Dann je 2 Prisen **Lindenblüten, Schafgarbe, Salbei** und **Wiesenkönigin** hinzugeben und nochmals 5 Minuten ziehen lassen. 2 Tassen am Tag trinken.
  Achtung: Falls Sie zu hohem Blutdruck tendieren, sollten Sie den Salbei durch 3 Prisen Olivenblätter ersetzen.

Ekzeme

Für Ekzeme kommen verschiedene Ursachen in Frage. Neben Allergien können sie auch durch Stoffwechselstörungen hervorgerufen werden.

Bei chronischen oder immer wieder auftretenden Ekzemen sollten Sie durch einen Arzt die Ursache feststellen lassen. Oftmals läßt sich eine Allergie auch durch Beobachtung feststellen, wenn Ekzeme bei Kontakt mit bestimmten Materialien immer wieder auftauchen.

Wer zu Ekzemen neigt, sollte Alkohol und scharfe Gewürze meiden und Käse und tierische Fette nur in kleinen Mengen essen. Zu empfehlen sind folgende Obst- und Gemüse-Sorten: Spargel, Karotten, Rettich, Zwiebeln, Auberginen, Artischocken, Radieschen, Kresse, Löwenzahn- und Kopfsalat, Ananas, Weintrauben, Melonen, Pfirsiche, Kirschen, Äpfel und Birnen.

Hier meine Tee-Rezepturen:

* Trinken Sie zweimal täglich schluckweise eine Tasse Aufguß, den Sie mit je 2 Prisen **Schafgarbe** und **Gänseblümchen** pro Tasse zubereitet haben.
* 5 Blüten der **römischen Kamille** mit 1 Tasse kochendem Wasser überbrühen und ca. 5 Minuten ziehen lassen. Diesen Tee dreimal täglich trinken und Umschläge damit tränken und auf die Ekzeme geben.
* 4 **Wacholderbeeren,** 4 Prisen **Queckenwurzel** und 3 Prisen **Löwenzahnwurzel** zusammen 5 Minuten in ½ Liter Wasser kochen lassen und folgendes hinzufügen: 2 Prisen **Schafgarbe,** 2 Prisen **Thymian** und 2 Prisen **Malvenblüten.** Das Ganze nochmals 4 Minuten zusammen ziehen lassen, 2 Tassen am Tag trinken.

Falls Sie nicht zuckerkrank sind, können Sie Ihren Tee mit Orangenblütenhonig süßen.

* Führen Sie zur *Unterstützung von außen* regelmäßig Wacholderbäder durch: eine Handvoll **Wacholderbeeren** in 1 Liter kaltem Wasser ansetzen und 6 Stunden ziehen lassen. Dann zum Kochen bringen und 20 Minuten kochen lassen, abfiltern und den Absud ins Vollbad gießen. Dieses Bad sollten Sie 1 – 2 mal wöchentlich durchführen und dann jeweils 15 – 20 Minuten baden.

Ermüdung, Erschöpfung

Bei vorübergehender Ermüdung/Erschöpfung bietet der Garten der Natur seine Hilfe an: Der Verzehr von Auberginen, Karotten, Porree, Rettich, grünen Bohnen, roter Beete, Löwenzahn-, Chicoree-, Endivien-, Feld- und Kopfsalat wirkt sich positiv auf das Wohlbefinden aus.

Alkohol, Tabak, übermäßiger Kaffee- und Teegenuß sollten gemieden werden.

* **Schwarzer Tee** wirkt anregend auf das zentrale Nervensystem und *belebt die geistige Regsamkeit.* Deshalb ist er auch besonders gut *bei geistiger Überanstrengung* geeignet. Lassen Sie den Tee (1 – 2 Prisen auf eine Tasse kochendes Wasser) 3 Minuten ziehen, damit Sie in den Genuß seiner anregenden Wirkung kommen.

* Bei *Ermüdungs- und Erschöpfungszuständen* haben sich folgende Kräutermischungen bewährt:
  Morgens 2 Prisen **Rosmarin** und 2 Prisen **milde Minze** mit 1 Tasse kochenden Wassers überbrühen; abends 2 Prisen **Lavendel,** 1 Prise **Thymian** und eine Prise **Bohnenkraut** auf 1 Tasse kochendes Wasser, jeweils 5 Minuten ziehen lassen.

* **Ysop** wirkt kräftigend auf geschwächte Personen und ist *bei Erschöpfungszuständen* zu empfehlen. Nehmen Sie für den Aufguß 2 Prisen **Ysop** und 1 Prise **Wildorangenknospen** auf 1 Tasse Wasser. Den Aufguß 5 Minuten ziehen lassen.

* *Bei Schwächezuständen,* die durch Überarbeitung oder nach anstrengenden Krankheiten auftreten, kommt man mit Hilfe von **Rosmarin** wieder zu Kräften. Er wird in Form eines Aufgusses (2 Prisen mit einer Tasse kochenden Wassers 4 Minuten ziehen lassen) oder als Badezusatz angewandt. Am besten kombiniert man beides.

* Zur *Leistungssteigerung* vor Prüfungen empfiehlt sich ein Teeaufguß mit je einer Prise **Bohnenkraut, Anis, Lavendel** und **schwarzem Tee.**

* Bei **Nervosität** kann ich folgende Mischung empfehlen:
  1 Prise **Lindenblüten** und je 2 Prisen **Majoran, Wildorangenknospen, Silberweide** und **Melisse** in ½ Liter kochendes Wasser geben und 4 Minuten ziehen lassen. Davon 2 Tassen am Tag trinken. Mit Orangenhonig süßen, falls Sie nicht zuckerkrank sind.

Zusätzlich sollten Sie sich 2 bis 3 mal pro Woche ein Vollbad mit je 1 Handvoll **Lindenblüten** und **Melisse** gönnen. Dazu die Kräuter in 3 Liter Wasser 7 Minuten kochen lassen und durch ein Sieb in das Badewasser geben.

Fieber

Fieber hat oft eine heilungsfördernde Wirkung, so z.B. zur Bekämpfung von Krankheitserregern bei Infektionskrankheiten. Deshalb ist es in manchen Fällen ratsam, das Fieber zu unterstützen, z.B. durch Schwitzkuren im Bett mit Hilfe schweißtreibender Tees, selbstverständlich unter ärztlicher Überwachung.

Zu hohes Fieber, z.B. bei Infektionen sollte man mit Hilfe von kalten Wadenwickeln, Fußbädern oder Waschungen senken.

Für *Schwitzkuren* sind folgende Kräuter geeignet:

* **Lindenblüten-**Tee: 2 – 3 Prisen Blüten mit 1 Tasse kochenden Wassers überbrühen, 4 Minuten ziehen lassen. Mehrmals täglich eine Tasse trinken.
* Schweißtreibend wirkt auch ein Aufguß mit den Blättern der **Wiesenkönigin.** Überbrühen Sie 1 – 2 Prisen mit 1 Tasse kochendem Wasser.

Zur *Bekämpfung (Senkung) des Fiebers:*

* Trinken Sie morgens nüchtern 1 Tasse einer Decoction mit **Enzianwurzel.** Dafür pro Tasse Wasser 1 haselnußgroßes Stück Enzianwurzel kalt ansetzen und 5 Minuten kochen lassen.
* Je 2 Prisen **Thymian, Silberweide** und **Wiesenkönigin** in ½ Liter kochendem Wasser 4 Minuten ziehen lassen. 2 Tassen am Tag trinken. Eventuell mit Eukalyptushonig süßen.
* 2 Prisen **Silberweide** und 1 Prise **Eukalyptusblätter** pro Tasse kochendes Wasser wirken ebenfalls fiebersenkend. 2 Tassen am Tag trinken.

Flechten

Mit dem Begriff "Flechte" bezeichnet man chronische Hautkrankheiten aller Art, vor allem wenig gefährliche und stark juckende Formen, z.B. Knötchenflechte oder Schuppenflechte.

Die Ursache sollte durch einen Arzt abgeklärt werden. Oftmals sind Flechten auch psychisch bedingt. Dann muß versucht werden, die Ursache zu beseitigen.

Folgende Kräuter wirken lindernd beim Auftreten von Flechten:

* Durch seine krampflösende und beruhigende Wirkung bei allen Erregungszuständen des Nervensystems wirkt **Lavendel** positiv bei Flechten. Er wird sowohl innerlich als Tee-Aufguß, als auch äußerlich in Form von Kompressen angewandt.
* Eine wohltuende und sanfte Verbesserung erfahren Flechten durch Kompressen mit einem Aufguß aus **Malve**blüten.
* Bei schuppiger, trockener und rissiger Haut, in manchen Fällen sogar bei Ichthyosis Vulgaris, kann man mit **Basilikum** Erfolge verzeichnen. Basilikum in Form von Teeaufguß und als Gewürz innerlich angewendet, wirkt beruhigend auf das Nervensystem und die Muskulatur der Haut. Das gestörte vegetative Nervensystem als Sitz für Verspannungen der Rückenmuskulatur entkrampft und die Haut der Extremitäten (Arme und Beine) wird über den Zellstoffwechsel wieder normal versorgt, was eine Rückbildung von Schuppen etc. bewirkt.
* Flechten, die durch Stoffwechselschlacken bedingt sind, erfahren eine Besserung durch den regelmäßigen Genuß von **Heidekraut**-Aufguß. Heidekraut greift in den Stoffwechsel der kleinsten Nierenkörperchen ein und befreit das Gewebe von Stoffwechselschlacken.

Frauenleiden

Es gibt viele frauenfreundliche Kräuter, mit denen sich bei Frauenleiden Abhilfe schaffen läßt. Hier meine Vorschläge:

* Gegen *Hitzewallungen in den Wechseljahren* leistet der **Salbei** hervorragende Dienste. Bereiten Sie einen Aufguß mit 1 Prise Salbeiblättern auf 1 Tasse Wasser zu. Trinken Sie davon 2 mal täglich schluckweise eine Tasse. Dieser Aufguß hilft auch bei *Erkrankungen der weiblichen Organe,* vor allem bei entzündlichen Prozessen. Menschen mit erhöhtem Blutdruck sollten Salbei jedoch meiden.
* Eine wertvolle Hilfe während der *Wechseljahre* und bei *unregelmäßiger Menstruation* ist die **Schafgarbe.** Den Aufguß bereiten Sie mit 2 – 3 Prisen Schafgarbe pro Tasse Wasser. Dieses Kraut bitte nicht kochen, damit seine wundersame Wirkung erhalten bleibt.
* Für die *Wechseljahre* kann ich Ihnen folgende Ratschläge geben: Essen Sie folgendes Obst und Gemüse: rohes Sauerkraut, Knoblauch, Artischocken, Gurken, grüne Bohnen, Rettich, Porree, Karotten, Auberginen, Zwiebeln, Radieschen, Schwarzwurzeln, Kohlarten, Löwenzahn-, Chicoree-, Endivien-, Feld- und Kopfsalat, Mangold, Ananas, Weintrauben, Erdbeeren, Himbeeren, schwarze Johannisbeeren, Orangen, Pampelmusen, Äpfel und Pfirsiche.

  Es ist sehr wichtig, auf genügend Kalziumzufuhr zu achten, um das Risiko der Osteoporose zu vermindern. Essen Sie Milchprodukte, Quark und Frischkäse, um den Bedarf zu decken. Alkohol und Tabak sind zu meiden.

  Trinken Sie täglich 2 Tassen von folgendem Tee-Aufguß: Je 2 Prisen **Schafgarbe, Melisse, Salbei** und **Steinsame** mit ½ Liter kochendem Wasser überbrühen und 4 Minuten ziehen lassen. Mit Orangenblütenhonig süßen, wenn Sie keine Diabetikerin sind.
* Viele Frauen leiden unter *weißem Ausfluß.* Die Ursache sollte auf jeden Fall durch den Frauenarzt geklärt werden. Zur Behandlung empfehle ich Sitzbäder mit **Schafgarbe, Malve, Lavendel** oder **römischer Kamille.** Zur Unterstützung von innen eignet sich ein Tee-Aufguß mit je 1 Prise **Melissenblättern, Thymian** und **Erdbeerblättern** auf 1 Tasse kochendes Wasser. Lassen Sie den Aufguß vor dem Abseihen 5 Minuten ziehen und trinken Sie täglich 2 Tassen.
* Rezepturen und Ratschläge zu Menstruationsbeschwerden finden Sie auf Seite 112.

Furunkel

Furunkel sehen meist nicht nur häßlich aus, sondern sie sind auch noch schmerzhaft. Sie können an allen Stellen des Körpers auftreten. Am häufigsten findet man sie auf dem Rücken, an den Schultern oder in der Leistengegend. Es handelt sich dabei um gerötete, entzündliche Knoten, die mit einem Eiterpfropf gefüllt sind.

Ursache für Furunkel können auch schwerere Erkrankungen, wie z.B. Gicht oder Diabetes sein. Deshalb ist es ratsam, bei Furunkulose einen Arzt aufzusuchen. Furunkel sind immer ein Zeichen dafür, daß sich im Körper zu viele Giftstoffe angesammelt haben.

Deshalb sollten Sie "Giftstoffe" wie Süßigkeiten, Wurstaufschnitt, Alkohol, starken Kaffee etc. meiden.

Zur Linderung des Schmerzes und zur Beschleunigung des Reifeprozesses eignen sich folgende Kräuter-Rezepturen:

* Die **römische Kamille** besitzt entzündungswidrige, heilende Eigenschaften und hat daher in Form von Spülungen und Kompressen eine hervorragende Wirkung bei Furunkeln.
* Oftmals leiden Diabetiker verstärkt an Furunkeln. Diabetiker, die zu Furunkulose neigen, erfahren wertvolle Hilfe mit einem Aufguß aus **Olivenblättern,** die sowohl innerlich in Form von Tee als auch äußerlich in Form von Kompressen angewendet werden.
* Zur Desinfizierung eignet sich ein Aufguß mit je 2 Prisen **Thymian** und **Salbei** auf 1 Tasse Wasser.
* Innerlich angewandt wirken die meisten **Blutreinigungstees** sehr gut gegen Furunkel, wie z.B.
  - ein Aufguß mit 2 Prisen **Schafgarbe** pro Tasse kochendes Wasser
    oder
  - eine Abkochung mit **Löwenzahnwurzeln**
    oder
  - ein Aufguß mit 2 Prisen **Salbei** pro Tasse Wasser
* Sehr hilfreich bei Furunkeln sind auch Umschläge mit Kohlblättern, geriebenen Zwiebeln oder rohen Kartoffeln. Auch gekochte Kopfsalatblätter eignen sich gut für Umschläge. Achten Sie aber bitte darauf, daß diese Gemüse aus biologischem Anbau stammen.

Gallenleiden

Viele Menschen haben eine Veranlagung zu Gallenleiden, die oft auch durch Unterdrückung von Kummer, Sorgen und Ärger entstehen.

Bei Gallenblasenentzündung, Neigung zu Gallenleiden und Koliken sollten Sie auf fettarme Kost umsteigen und regelmäßig Wärmebehandlungen durchführen. Eine vom Arzt vorgeschriebene Diät muß streng befolgt werden.

Eine wirksame Unterstützung bei Gallenleiden geben Ihnen folgende Kräuter:

* Bereiten Sie einen Absud mit **Queckenwurzeln** *oder* **Löwenzahnwurzeln.** Nehmen Sie dazu 2 Prisen Wurzeln auf 1 Tasse Wasser, die Sie kalt ansetzen, zum Kochen bringen und 7 – 10 Minuten kochen lassen. Abseihen und täglich 2 – 3 Tassen von dem Wurzelabsud trinken.
* Bei einer *Gallenkolik* wirkt ein Tee aus **milder Minze** krampflösend und hilft dadurch, die Schmerzen zu lindern.
* **Rosmarin** fördert im allgemeinen die Gallen- und Lebertätigkeit und kann daher auch zur *Vorbeugung* eingesetzt werden.
* Bei *Gallensteinen* empfehle ich Ihnen im Wechsel mit einem der oben beschriebenen Wurzelabsude folgende Rezeptur: 1 – 2 Prisen **Kirschenstiele** mit gut ¼ Liter Wasser 5 Minuten kochen lassen, danach 2 Prisen **Wiesenkönigin** hinzugeben und das Ganze 4 Minuten ziehen lassen.
* Folgender Tee kann vorhandene *Gallensteine* nicht auflösen, aber die Bildung von neuen Steinen kann häufig verhindert werden: 4 Prisen **Lindensplint** und 4 Prisen **Queckenwurzel** zusammen 5 Minuten in 1 Liter Wasser kochen lassen. Dann je 2 Prisen **Wiesenkönigin, Heidekrautblüten** und **Steinsame** hinzufügen und zusammen weitere 4 Minuten ziehen lassen. Den Tee über den Tag verteilt trinken. Mit Pyrenäenhonig süßen, falls Sie nicht zuckerkrank sind.

Gastritis (Magenschleimhautentzündung)

Die Gastritis tritt zunächst akut auf und äußert sich durch Völlegefühl, Blähungen, Magendrücken, Magenkrämpfe, belegte Zunge und Aufstoßen. Wenn nicht gleich eine Behandlung erfolgt, kann die Gastritis chronisch werden. Sie bietet einen guten Nährboden für Magengeschwüre.

Als Ursache für eine Magenschleimhautentzündung kommen folgende Faktoren in Frage: Übermäßiges Essen oder zu heiße bzw. zu kalte Speisen und Getränke, Infektionen, Streß, Ärger, Nervosität, zuviel Alkohol und Nikotin.

Zur Behandlung müssen Ernährungsstörungen ausgeschaltet werden. Alkohol, Tabak, Zucker und erhitzte Fette sollten gemieden werden. Zu heiße und zu kalte Speisen, Piment, Essig, Senf, Radieschen, Rettich, Meerettich, schwarzer Tee und starker Kaffee sind nicht günstig für die Heilung. Fette Speisen, Wild und scharfe, komplizierte Zubereitungen mit Saucen und ähnliches werden meistens schlecht vertragen.

Akute Entzündungen bringt man durch ein- bis zweitägiges Fasten mit gleichzeitiger Kräuter-Tee-Kur zum Abklingen. Eine vom Arzt verordnete Diät muß streng befolgt werden. Ausgezeichnet für die Ernährung eignet sich Gemüsebouillon aus Porree, Karotten und Kartoffeln. Gekochte Gemüse werden meist sehr gut vertragen. Im akuten Zustand sollte Rohkost und rohes Obst gemieden werden, außer Äpfeln, Bananen und reifen Birnen, die roh gegessen werden können. Gut verträglich sind im allgemeinen auch Milchspeisen und Frischkäse, Haferflockensuppe (4 Wochen lang) und eventuell Reissuppe.

Um weiteren Entzündungen vorzubeugen und die bestehenden zu heilen, ist es ratsam, täglich 5 – 6 kleinere Mahlzeiten einzunehmen, anstelle von 3 großen Hauptmahlzeiten. Sehr wichtig ist es, daß Sie alle Speisen gut durchkauen. Zusätzlich behandeln Sie die Gastritis mit folgenden Tees:

* **Süßholzwurzel-**Absud: Bringen Sie 3 – 4 Prisen Süßholzwurzeln mit ½ l Wasser zum Kochen, 7 – 10 Minuten kochen lassen und abseihen. Menschen mit Neigung zu erhöhtem Blutdruck sollten Süßholz meiden.
* Beruhigend auf die Magenschleimhaut wirkt auch ein Aufguß mit 2 Prisen **Melisse,** 2 Prisen **Schafgarbe** und 1 Prise **Citronelle** auf 1 Tasse Wasser (4 Minuten ziehen lassen).

* Sehr wohltuend ist ein Tee mit **Malve.** Die Blüten und Blätter der Malve enthalten Schleimstoffe, welche mit Wasser quellen. Der Tee bewirkt, daß die Magenschleimhäute mit einer Schutzschicht überzogen werden und deshalb nicht mehr so empfindlich gegen Reizungen sind. Überbrühen Sie für eine Tasse Tee 2 – 3 Prisen Malvenblüten mit heißem Wasser und lassen Sie den Tee 5 – 7 Minuten ziehen. Mehrere Tassen täglich trinken.
* Je 2 Prisen **Citronelle, Wildorangenknospen, Basilikum, römische Kamille** und **Melisse** auf ½ l kochendes Wasser. 4 Minuten ziehen lassen, 2 Tassen am Tag trinken.

Gicht

Bei der Gicht handelt es sich um eine Störung des Harnsäure-Stoffwechsels. Deshalb ist die Kontrolle des Harnsäurespiegels im Blut durch einen Arzt unerläßlich.

Wichtig ist auch eine Umstellung der Ernährung. Sie sollten wenig Fleisch essen. Zu meiden sind vor allem Innereien, Wurstwaren, fettes Fleisch, Wild, Sardinen, Heringe und Geleespeisen, Muscheln und andere Meeresfrüchte. Ebenso sollten Sie auf Spinat, Sauerampfer, Spargel, Linsen, Blumenkohl und getrocknete Bohnen verzichten. Schokolade, Kakao, alkoholische Getränke, Bier und alle schweren Speisen sind ebenfalls ungünstig.

Legen Sie ab und zu 1 bis 2 Obsttage ein, besonders dann, wenn Sie von Gichtanfällen geplagt werden. Für Gichtpatienten wird folgendes Obst und Gemüse empfohlen: Knoblauch, Zwiebeln, Löwenzahn-, Endivien-, Feld- und Kopfsalat, Rettich, Porree, Gurken, Auberginen, Schwarzwurzel, Äpfel, Erdbeeren, Weintrauben, Himbeeren, Brombeeren, Heidelbeeren, Schwarze Johannisbeeren, Kirschen, Birnen und Pflaumen.

Folgende Kräuter-Rezepturen eignen sich zur Unterstützung der Gicht-Behandlung:

* 4 **Wacholderbeeren** mit 2 Tassen kochendem Wasser überbrühen, 10 Minuten ziehen lassen und morgens und abends je eine Tasse trinken. Diese Kur jedoch nicht länger als 4 Wochen und nicht bei Nierenleiden anwenden.
* Pro Tasse je 1 Prise **Heidekraut, Steinsame, Silberweide** und **Lavendel** mit kochendem Wasser überbrühen, 4 Minuten ziehen lassen und morgens und abends je eine Tasse von diesem Aufguß trinken.
* 5 Prisen **Lindensplint** und 3 Prisen **Kirschenstiele** 5 Minuten in ½ Liter Wasser kochen und danach folgende Kräuter hinzufügen: 3 Prisen **Eschenblätter,** 2 Prisen **Wiesenkönigin** und 3 Prisen **Steinsame.** Mit diesen Kräutern nochmals 4 Minuten ziehen lassen, danach abseihen. 2 Tassen am Tag trinken.
* Zur Unterstützung von außen empfehlen sich 2 – 3 mal pro Woche Vollbäder mit **Thymian.** Dazu 2 Handvoll Thymian 7 Minuten lang in 2 Liter Wasser kochen lassen und durch ein Sieb ins Badewasser geben.

Grippe

Besonders bei naßkaltem Wetter in Herbst und Winter verbreitet sich diese unangenehme Krankheit. Die beste Vorbeugung dagegen ist, wenn man sein Immunsystem intakt hält, damit sich die Grippeviren erst gar nicht im Körper vermehren können. Zur Stärkung des Immunsystems empfiehlt sich eine abwechslungsreiche Ernährung, frisches Obst wegen der Vitamine und viel Bewegung an frischer Luft.

Wenn Sie einen stabilen Kreislauf haben, empfehle ich Ihnen, nach dem Baden oder Duschen kalte Wassergüsse durchzuführen. Beginnen Sie beim rechten Bein (von unten nach oben), dann linkes Bein, rechter Arm, linker Arm und wenn Sie es vertragen, dann noch Rücken und Brust. Auch sollten Sie darauf achten, daß Sie immer Ihre Füße warmhalten.

Hat es Sie trotz dieser Vorbeugungs-Maßnahmen einmal erwischt, dann müssen Sie dem Körper helfen, Giftstoffe auszuscheiden. Dies geschieht am besten durch Fasten bzw. leichte Kost. Sorgen Sie auf jeden Fall für eine gute Verdauung.

Für den Ernährungsplan empfiehlt sich, neben einem Glas frisch gepreßten Orangensaft am Morgen, folgendes Obst und Gemüse: Spargel, Artischocken, Kohl, Knoblauch, Gurken, Kresse, Löwenzahn-, Endivien-, Chicoree- und Kopfsalat, Zwiebeln, Schwarzwurzeln, Basilikum, Kerbel, Petersilie, Estragon, Karotten, Orangen, schwarze Johannisbeeren, Himbeeren, Brombeeren, Pampelmusen und Äpfel.

Auf jeden Fall sind einige Tage Bettruhe einzuhalten. Trinken Sie viel, überwiegend heißen Tee. Folgende Kräuter bieten sich dazu an, da sie gleichzeitig eine heilende Wirkung bei Grippe haben:

* **Lindenblütentee** eignet sich hervorragend zur Entgiftung des Körpers. Dieser Aufguß ist besonders schweißtreibend und verschafft Erleichterung bei Grippe. Eine Schwitzkur im Bett mit Hilfe von heißem Lindenblütentee wirkt oft Wunder. Nehmen Sie pro Tasse eine Prise Lindenblüten, die Sie mit kochendem Wasser überbrühen und 4 – 6 Minuten ziehen lassen. Davon 3 oder mehr Tassen täglich trinken.
* Je 2 Prisen **Eukalyptusblätter, Gänseblümchen, Thymian, milde Minze, Silberweide** und **Lindenblüten** auf ½ Liter kochendes Wasser, 5 Minuten ziehen lassen und 2 Tassen am Tag trinken. Falls Sie nicht zuckerkrank sind, können Sie den Tee mit Thymianhonig süßen.

* Wird die Grippe von Husten und Bronchitis begleitet, empfiehlt sich ein Aufguß mit **Malvenblüten,** der beruhigend auf die Schleimhäute wirkt. Gleichzeitig trägt die leicht abführende Wirkung der Malve zur Entgiftung des Körpers bei. Übergießen Sie 3 Prisen Malvenblüten mit 1 Tasse kochenden Wassers und lassen Sie das Ganze 4 Minuten ziehen. 3 mal täglich eine Tasse trinken.
* Desinfizierend und schleimlösend wirkt eine Mischung aus je 2 Prisen **Quendel** und **Thymian** sowie je einer Prise **Bohnenkraut** und **Ysop** auf eine Tasse kochendes Wasser, von der Sie 3 – 4 Tassen täglich trinken.
* Äußerlich unterstützen Sie Ihre Maßnahmen gegen die Grippe durch Gesichtsdampfbäder mit **Kamillenblüten** oder **Eukalyptusblättern.**
* Wohltuend sind auch Vollbäder mit **Thymian.** Dazu 2 Handvoll des Krautes in 3 Liter Wasser kochen lassen und dann durch ein Sieb ins Badewasser gießen.

Harnfluß (unkontrollierter Harnabgang, Bettnässen)

Wenn man die Kontrolle über den Harnfluß verliert, kann das verschiedene Ursachen haben.

Bei Kindern ist Bettnässen in den meisten Fällen durch falsche Erziehung und psychische Störungen bedingt. Manchmal können auch Mißbildungen der Harnwege oder die Absenkung innerer Organe zum unkontrollierten Harnfluß führen. In jedem Fall sollte eine ärztliche Untersuchung auf organische Ursachen erfolgen. Wenn keine körperliche Störung vorliegt, dann ist es ratsam, eine psychotherapeutische Behandlung durchzuführen. Harnfluß kann ebenso altersbedingt oder durch eine Blasenentzündung hervorgerufen sein. Auch in diesem Fall sollten Sie sich unbedingt einem Arzt anvertrauen.

Was man selbst tun kann: nicht zuviel Flüssigkeit einnehmen, Kaffee und Alkohol meiden. Folgende Kräutertees unterstützen die Heilung:

* 2 Prisen **Lindenblüten,** 1 Prise **Heidekraut,** 1 Prise **Wildorangenknospen** mit 1 Tasse heißem Wasser überbrühen, 4 Minuten ziehen lassen. Ein bis zwei Tassen täglich trinken.
* Bei Blasenschwäche empfiehlt sich folgende Rezeptur:
  2 Prisen **Melisse** und 2 Prisen **Heidekrautblüten** mit einer Tasse kochendem Wasser überbrühen, 4 Minuten ziehen lassen und eine Tasse am Tag trinken. Falls Sie nicht zuckerkrank sind, können Sie den Tee mit Pyrenäen-Honig süßen.

Hautleiden

Hautleiden entstehen entweder durch Einwirkungen von außen oder sind durch interne Störungen bedingt. Von außen können Viren, Bakterien, Pilze oder allergische Reaktionen Entzündungen der Haut hervorrufen. Stoffwechselstörungen oder andere Krankheiten können ebenfalls Hautprobleme auslösen.

Auf jeden Fall muß die Ursache ausfindig gemacht werden, damit man die Hauterkrankung bekämpfen kann. Sonst können chronische Hautkrankheiten entstehen.

Bei Akne empfehle ich eine ballaststoffreiche Ernährung. Fleisch, Milchprodukte und Süßigkeiten sollten gemieden werden. Immer ratsam ist es, jeden Abend eine Handvoll Sauerkraut zu essen.

Und hier meine Kräuter-Rezepturen:

Äußerliche Anwendung:

* 2 Eßl. **Kamillenblüten** und 2 Eßl. **Malvenblüten** mit ½ l Wasser überbrühen, 20 Minuten ziehen lassen, abseihen. Tränken Sie ein Mulltuch mit dieser Flüssigkeit und legen Sie es auf die betroffenen Hautpartien. Ca. 10 – 15 Minuten einwirken lassen. Diese Behandlung täglich durchführen.

  Sie können mit diesen Kräutern auch Teilbäder durchführen. Nehmen Sie dazu je 3 Eßl. auf 2 l Wasser.
* Wenn die Haut *schlecht durchblutet* ist, schaffen Bäder mit **Rosmarin** oder **Thymian** Abhilfe. Die Durchblutung der Haut wird angeregt.
* Bei *Hautjucken* helfen Waschungen mit einem Aufguß aus 4 Prisen **Malvenblüten** auf 1 Tasse kochendes Wasser (5 Minuten ziehen lassen). Ich rate Ihnen, auf der Haut nur Naturfasern zu tragen und synthetische Fasern zu meiden.

Innerliche Anwendung:

* *Hautunreinheiten* sind meist durch Stoffwechselstörungen bedingt. Deshalb empfehle ich neben vernünftiger Ernährung, die Stoffwechseltätigkeit mit Hilfe von **Löwenzahnwurzeltee** anzuregen. Nehmen Sie pro Tasse 1 – 2 Prisen Löwenzahnwurzeln, eventuell noch etwas frisches Kraut dazu. Setzen Sie das ganze kalt an, bringen es zum Kochen und lassen den Absud 7 Minuten ziehen. Zur Geschmacksverfeinerung können Sie nach dem Kochen **milde Minze, Wildorangenknospen** oder **Citronelle** ca. 4 Minuten mitziehen lassen.

* Linderung bei *Hautjucken* verschafft folgende Mischung: 2 Blüten der **römischen Kamille** und je 2 Prisen **Thymian, Schafgarbe,** und **Silberweide** mit einer Tasse kochendem Wasser überbrühen, 4 Minuten ziehen lassen, 2 Tassen am Tag trinken.

Falls Sie nicht zuckerkrank sind, können die Tees mit Thymian-Honig gesüßt werden.

Hämorrhoiden

Hämorrhoiden entstehen durch Bewegungsmangel (zuviel Sitzen), Stuhlverstopfung, krankhafte Venenschwäche oder Fettsucht. Sie können auch während der Schwangerschaft auftreten. Es handelt sich dabei um Venen-Erweiterungen am Mastdarm, welche die Größe einer Kirsche erreichen können. Die Hämorrhoiden siedeln sich entweder innen am Mastdarm an oder treten sichtbar nach außen. Wenn Sie Blut im Stuhl entdecken, dann sollten Sie sich ärztlich untersuchen lassen, da sich eventuell eine Darmgeschwulst bilden kann.

Bei Hämorrhoiden ist es wichtig, daß Sie Ihre Lebensgewohnheiten ändern. Ballaststoffreiche Ernährung und viel Bewegung sind angesagt. Ich rate Ihnen zu Vollwerternährung mit viel grünem Gemüse. Außerdem sollten Sie Genußgifte wie Alkohol, Kaffee, Nikotin etc. und scharfe Gewürze (wie Pfeffer und Piment) meiden.

Um dieses lästige Übel loszuwerden, können Sie zusätzlich Sitzbäder mit Kräutern anwenden:

* Bereiten Sie einen Absud mit **Malvenblüten:** eine Handvoll Blüten mit 1 l kaltem Wasser zum Kochen bringen und abseihen. Geben Sie diesen Absud dem Badewasser zu und setzen Sie sich 10 Minuten ins warme Wasser.
* Für ein Bad eignet sich ein konzentrierter Aufguß mit 1 Handvoll **Schafgarbe** auf 1 l heißes Wasser, der dem Sitzbad zugesetzt wird. 10 Minuten warm baden.
* Innerlich und äußerlich angewendet, sind auch **Löwenzahnwurzeln** sehr hilfreich, vor allem wenn diese im Herbst gesammelt wurden. Bereiten Sie dazu einen Absud mit 3 – 4 Prisen Löwenzahnwurzeln auf 1 l Wasser.
* Je 2 Prisen **Malvenblüten, Schafgarbe, Lindenblüten** und **Steinsame** in ½ Liter kochendes Wasser geben und 5 Minuten ziehen lassen. Davon 2 Tassen am Tag trinken.
  Mit Pyrenäenhonig süßen, falls Sie nicht zuckerkrank sind.

Herpes/Bläschen im Mundbereich

Bei vielen Menschen bilden sich von Zeit zu Zeit im Mundwinkel oder an der Nase schmerzende Bläschen, die mit trüber Flüssigkeit gefüllt sind. Dabei handelt es sich um Herpes, eine Erkrankung, die durch Virusinfektion hervorgerufen wird. Die Behandlung erweist sich in der Praxis als äußerst schwierig.

Normalerweise verschwinden die Bläschen nach einer Woche. Wenn dies nicht der Fall ist, oder bei Komplikationen wie z.B. die Ausdehnung der Bläschen über den Rachenbereich, Augenbereich, Genitalbereich etc. muß auf jeden Fall ein Arzt aufgesucht werden. Auch wenn Kinder von Herpes betroffen sind, ist ein Arztbesuch unumgänglich. Bei Säuglingen kann die Krankheit sehr schlimm, manchmal sogar tödlich verlaufen. Schwangere sollten eine Herpes-Infektion ebenfalls sehr ernst nehmen. Selbst wenn kaum Beschwerden auftreten, kann das Virus das ungeborene Kind schädigen oder sogar töten.

Nun werden Sie sich fragen, wie man sich vorbeugend vor dieser Krankheit schützt. Dies ist schwierig, da noch nicht bekannt ist, auf welche Weise der Herpes-Erreger übertragen wird.

Auf jeden Fall sollten Sie die allgemeinen Hygiene-Regeln, die bei jeder Infektionskrankheit gelten, beachten; z.B. niemals aus dem Glas eines Herpes-Patienten trinken.

Herpes wird, wie viele Dermatosen, auch vom nervlichen Zustand des Patienten beeinflußt. Deshalb kann man in die vorbeugenden Maßnahmen auch die Wiederherstellung des Gleichgewichts des gesamten vegetativen Nervensystems mit einbeziehen.

* Äußerlich behandelt man Bläschen im Mund mit einer konzentrierten Aufkochung mit **Basilikum** (4 Prisen auf 1/4 l Wasser). Hierbei spielt die nervenstärkende Wirkung eine große Rolle, da sich die Erreger der Herpes-Bläschen vornehmlich in funktionell gestörten Nervenknoten aufhalten können.

  Zusätzlich empfiehlt es sich, **Basilikum-Tee** zur Stärkung des vegetativen Nervensystems zu trinken.

Herzbeschwerden

Da Herzbeschwerden von Fall zu Fall unterschiedlich auftreten und auch unterschiedliche Auswirkungen haben können, ist es schwierig, hier einen allgemeingültigen Ratschlag zu geben.

Herzprobleme sollte man nicht auf die leichte Schulter nehmen, da schwere Folgen, wie z. B. ein Herzinfarkt eintreten können.

Deshalb ist es unerläßlich, bei Herzbeschwerden einen Arzt aufzusuchen, der Ihnen einen persönlichen Heilplan aufstellen wird.

In die Behandlung können auch Kräuter mit aufgenommen werden, die mit zur Linderung der Beschwerden beitragen:

* Bei funktionellen Herzbeschwerden, die mit Herzklopfen einhergehen, wirkt ein **Melissentee** beruhigend. Überbrühen sie dazu 3 Prisen Melissenblätter mit 1 Tasse kochendem Wasser und lassen Sie den Tee 4 – 6 Minuten ziehen.
* Auch **Lavendelblüten** und **Wildorangenknospen** wirken beruhigend auf das Zentralnervensystem und sind daher hilfreich bei nervösem Herzklopfen. Überbrühen Sie je 2 Prisen Lavendelblüten und 2 Prisen Wildorangenblüten mit einer Tasse kochendem Wasser und lassen Sie den Tee 5 Minuten ziehen. Von dem Tee bei Bedarf oder zur Vorbeugung 1 – 2 Tassen täglich trinken.

Kreislaufschwäche

Kreislaufschwäche ist meist bedingt durch niedrigen Blutdruck (siehe Seite 82) und macht sich durch Schwindelgefühle bemerkbar.

Menschen, die unter schwachem Kreislauf leiden, sollten bei geöffnetem Fenster schlafen und sich tagsüber mehrmals eine Ruhepause - liegend, mit hochgelagerten Beinen - gönnen.

* Das ideale Kraut bei Kreislaufschwäche ist **Rosmarin.** Für den aromatischen Tee-Aufguß überbrühen Sie 1 – 2 Prisen Rosmarinblätter mit 1 Tasse kochendem Wasser, 4 Minuten ziehen lassen und morgens nach dem Aufstehen eine Tasse von diesem anregenden Tee trinken, gegebenenfalls nachmittags nochmal eine Tasse.
* Äußerlich angewendet, wirkt ein **Rosmarin-Bad** stärkend auf den Kreislauf. Geben Sie dazu entweder einen konzentrierten Rosmarin-Aufguß oder ein Leinensäckchen, gefüllt mit Rosmarin-Blättern ins Badewasser. Die Temperatur sollte 37°C betragen und das Bad nicht länger als 8 – 10 Minuten dauern.

Leber- und Gallenbeschwerden

Die Leber ist sehr wichtig, da sie das Hauptorgan für die Blutreinigung des Körpers ist. Leberfunktionsstörungen sind deshalb auch bei den meisten Stoffwechselstörungen die Ursache. Gelbliche Hautfarbe, Appetitlosigkeit und ein aufgedunsener Körper sind häufig erste sichtbare Anzeichen für Lebererkrankungen.

Nur ein Arzt kann die Ursache und die gesamten Auswirkungen von Leberleiden feststellen.

Grundlage für die Heilung ist neben den heilungsfördernden Kräutertee-Kuren eine entsprechende Diät. Eis, kalte und kohlensäurehaltige Getränke, scharfe Gewürze, erhitzte Fette, fette Speisen und fette Fische, Schokolade, Sahne und Alkohol sind auf jeden Fall zu meiden. Nicht erhitztes Olivenöl aus erster Pressung wird im allgemeinen gut vertragen.

Folgendes Gemüse und Obst wird besonders empfohlen: Auberginen, Rettich, Radieschen, Artischocken, Karotten, Zucchini, grüne Bohnen, Porree, Kartoffeln und reife Früchte.

Der Kräutergarten bietet folgende effektvolle Rezepturen an:

* 2 Prisen **Lindensplint,** 4 Prisen **Löwenzahnwurzel** und 4 Prisen **Queckenwurzeln** 5 Minuten lang in ½ l Wasser kochen lassen. Danach je 2 Prisen **Rosmarin** und **Gänseblümchen** hinzufügen und noch 4 Minuten zusammen ziehen lassen. 2 Tassen am Tag trinken. Mit Rosmarin-Honig süßen, falls Sie nicht zuckerkrank sind.
* 2 Prisen **Rosmarin,** 2 Prisen **Kamillenblüten** und 2 Prisen **Eisenkraut** mit 1 Tasse kochendem Wasser überbrühen und ca. 4 Minuten ziehen lassen.
* Zur Anregung der Lebertätigkeit ist auch ein **Schafgarben-**Tee zu empfehlen. Überbrühen Sie 2 Prisen Schafgarbe mit 1 Tasse heißem Wasser und lassen Sie den Tee 5 Minuten ziehen. Täglich 2 bis 3 Tassen davon bringen Ihre Leber wieder in Aktion.
* Ebenfalls förderlich für die Leber- und Gallentätigkeit ist ein Tee mit **milder Minze.**

Magen-Darm-Probleme

Viele Menschen sind anfällig für Beschwerden im Magen-Darm-Bereich. Kleinere Unregelmäßigkeiten lassen sich oft mit Hilfe von Kräuter-Tees beheben. Sollten die Beschwerden anhalten oder immer wieder regelmäßig auftreten, dann suchen Sie bitte einen Arzt auf.

Bei Magenbeschwerden sind Gerichte mit Linsen und getrockneten Bohnen, wie auch Nudeln und bei manchen Menschen Zwiebeln und Kohl zu meiden.

* *Gegen Krämpfe im Magen-Darm-Bereich mit Übelkeit und Erbrechen:* Überbrühen Sie 2 Prisen **milde Minze** mit 1 Tasse kochendem Wasser und lassen Sie den Tee 4 Minuten ziehen. Dreimal täglich eine Tasse trinken.
* *Zur Förderung der Magentätigkeit:* Aufguß mit einer Prise **Basilikum** *oder* 1 – 2 Prisen **Citronelle** pro Tasse. 4 Minuten ziehen lassen, 2 – 3 Tassen täglich trinken.
* *Kräftigung des Magens:* Abkochung mit **Majoran.** 3 Prisen Majoran mit ½ l Wasser zum Kochen bringen und 5 Minuten kochen, danach abseihen. Diese Decoction wirkt auch bei *Koliken, Blähungen* und *Durchfall.*
* *Bei Katarrh:* 2 Prisen **Majoran,** 2 Blüten **römische Kamille,** 1 Prise **Eisenkraut** und 2 Prisen **Citronelle** mit 1 Tasse kochendem Wasser überbrühen, 4 Minuten ziehen lassen. Nach den Mahlzeiten trinken. Mit Orangenblütenhonig süßen, falls Sie nicht zuckerkrank sind. Zusätzlich täglich 1 – 2 Teller Haferflockensuppe essen.
* *Magenkrämpfe, Blähungen, schlechte Verdauung:* 4 Blüten der **römischen Kamille** in 1 Tasse heißem Wasser 4 Minuten ziehen lassen *oder* Aufguß mit 2 Prisen **Anis** auf 1 Tasse Wasser, 4 Minuten ziehen lassen. Zusätzlich feuchtwarme Kompressen auf den Oberbauch.
* *Zur Wiederherstellung der Darmflora* nach einer Antibiotikabehandlung empfehlen sich **Rosenknospen** zusätzlich zur Unterstützung der ärztlichen Behandlung. Für eine Tasse Tee nimmt man 2 Prisen Rosenknospen und läßt diese 5 Minuten ziehen. Zusätzlich jeden Abend eine Handvoll rohes Sauerkraut essen.
* Gegen *Darmschmarotzer:* 1 haselnußgroßes Stück **Enzianwurzel** 3 Minuten kochen lassen, dann 2 Prisen **Thymian** zugeben und zusammen nochmals 4 Minuten ziehen lassen. Morgens nüchtern trinken und zwar nur an 3 Tagen hintereinander. Diese Wurmkur

eventuell nach 4 Wochen wiederholen. Unterstützend wirkt der Verzehr von einer Handvoll Sauerkraut jeden Abend.

Rezepturen gegen Verdauungsstörungen finden Sie auf Seite 125.

Magengeschwüre

Wegbereiter für Magengeschwüre sind oft nervöse Magenbeschwerden oder eine Gastritis (sh. S. 97).

Daß Sie bei Magengeschwüren auf jeden Fall in ärztlicher Behandlung sein sollten, brauche ich wohl nicht zu erwähnen.

Zur Unterstützung der Behandlung sollten Sie auf fett- und eiweißreiche Speisen, schwer verdauliche Speisen wie Wild und Geräuchertes, Essig, Senf und eingelegte Gurken, sowie Süßigkeiten und scharfe Gewürze verzichten. Auch Kaffee, starker Tee, Nikotin und Alkohol sind dann Gift für Sie. Ratsam ist 1 – 2 mal täglich Haferflockensuppe oder Reissuppe, mindestens 4 Wochen lang.

Empfohlen werden gekochte oder gedämpfte Gemüse (Karotten, Kartoffeln, grüne Bohnen) und Obstkompott aus Äpfeln, Birnen, reifen Aprikosen und Pfirsichen. Und hier meine Tee-Rezepturen:

* Mit Einverständnis Ihres Arztes, können Sie folgende Kur anwenden: 1 – 2 Tassen **Kamillen-** oder **Schafgarben**tee in kleinen Schlucken trinken. Legen Sie sich danach sofort 5 Minuten auf den Rücken. Dann erfolgt eine Drehung um 90° auf die linke Seite wo Sie wieder 5 Minuten liegen bleiben. Weiterdrehen auf den Bauch und nach 5 Minuten auf die rechte Seite, wo Sie auch 5 Minuten liegen bleiben. So werden alle Seiten des Magens mit dem Tee bespült und die Kräuter können an Ort und Stelle ihre Wirkung entfalten.
* Je 2 Prisen **Citronelle, Melisse, Süßholzwurzel*, römische Kamille** und **Malvenblüten** auf ½ Liter kochendes Wasser, 4 Minuten ziehen lassen. 2 Tassen am Tag trinken. Mit Orangenhonig süßen, falls Sie nicht zuckerkrank sind.

  * Bei Neigung zu erhöhtem Blutdruck sollten Sie die Süßholzwurzel durch Wildorangenknospen ersetzen.

Menstruationsbeschwerden

Viele Frauen leiden unter Unwohlsein, Übelkeit, Schmerzen, Stimmungsschwankungen etc. während der Menstruation. Zunächst sollte durch einen Arzt geklärt werden, ob organische Störungen vorliegen. Wenn solche Störungen ausgeschlossen wurden, können Sie selbst einiges tun, um Ihre Beschwerden zu lindern. Es gibt eine Vielzahl von Kräutern, die Frauen helfen, dieses Unwohlsein zu beseitigen.

Wichtig ist zunächst eine vernünftige Ernährung. Versuchen Sie, sich möglichst salzarm und vollwertig zu ernähren. Sehr hilfreich ist es auch, wenn Sie vor der Menstruation 2 Tage fasten und nur naturreine Säfte und Kräutertees zu sich nehmen. Vermeiden Sie generell Kälteeinwirkungen auf Ihren Körper, vor allem kalte Füße.

∗ Bei *Schmerzen vor Eintreten der Menstruation* hilft oft ein warmes Sitzbad mit wirkungsvollen Kräutern: Überbrühen Sie dazu je 8 Prisen **Salbeiblätter, röm. Kamillenblüten** und **Schafgarbe** mit 1 Liter kochendem Wasser, 10 Minuten ziehen lassen, abseihen und dem Badewasser hinzufügen. Badedauer: ca. 10 Minuten.

∗ *Krampflösend* wirkt eine Abkochung mit **Majoran.** Dazu 2 – 3 Prisen Majoranblätter pro Tasse mit kaltem Wasser ansetzen, zum Kochen bringen, abseihen und warm trinken.

∗ Eine *menstruationsfördernde Wirkung* hat **Fenchelsamen.** Nehmen Sie davon 2 Prisen auf eine Tasse Wasser. 5 Minuten ziehen lassen und 3 Tassen täglich trinken.

∗ *Bei zu schwacher Regelblutung:* 1 Prise **Löwenzahnwurzeln** mit ½ l Wasser aufkochen und damit 2 Prisen **Lindenblüten,** 2 Prisen **Thymian,** 2 Prisen **Anis,** 1 Prise **milde Minze** und 1 Prise **Salbei** überbrühen und 4 Minuten ziehen lassen.

∗ *Schmerzhafte Regel:* Je 2 Prisen **römische Kamille, Silberweide, Schafgarbe** und **Melisse** pro ½ l kochendes Wasser. 4 Minuten ziehen lassen. 2 Tassen am Tag trinken. Mit Orangenhonig süßen, falls Sie nicht zuckerkrank sind.

∗ *Bei unregelmäßiger Regel* empfehle ich Ihnen, vom folgenden Tee im ersten Monat jeden Tag eine Tasse zu trinken. Dann eine Woche vor der nächsten Regel damit anfangen: Je 2 Prisen **Salbei, Rosmarin** und **Kerbel** pro Tasse kochendes Wasser, 4 Minuten ziehen lassen. Mit Rosmarin-Honig süßen, falls Sie nicht zuckerkrank sind.
Außerdem sollten Sie in Ihrer Küche viel Petersilie gebrauchen.

Migräne

Eine häufige Erscheinungsform der anfallsweise auftretenden Migräne ist der halbseitige Kopfschmerz. Erhöhte Reizbarkeit, Abgespanntheit, Übelkeit und Brechreiz, Seh- und Sprachstörungen sowie Empfindlichkeit gegenüber Lärm und Licht sind häufige Begleiterscheinungen.

Ursache der Migräne sind Krämpfe und Erweiterungen der Gefäße im Gehirn, deren Auslöser nur schwer festzustellen ist. Genußgifte, Verdauungsstörungen, Streß, Überarbeitung oder Alkoholgenuß begünstigen das Auftreten der Krisen. Manche Menschen reagieren auch auf bestimmte Nahrungsmittel wie Eier, Schokolade, Muscheln, Weißwein oder seltener Rotwein, Saucengerichte und Wild. Versuchen Sie herauszufinden, welche Speisen sich bei Ihnen ungünstig auswirken. Auf jeden Fall meiden sollten Sie Genußgifte (Alkohol, Nikotin, Kaffee) und auf eine geregelte Verdauung achten. Vermeiden Sie Situationen, die Streß oder Ärger hervorrufen könnten und überanstrengen Sie sich nicht.

Folgendes Obst und Gemüse wird empfohlen: Auberginen, Karotten, Kohl, Porree, Rettich, grüne Bohnen, Löwenzahn-, Endivien-, Chicoree-, Feld- und Kopfsalat, Petersilie, Zitrone, Orange, Apfel und Pampelmuse.

Zur Vorbeugung gegen Migräne und zur Linderung der Schmerzen bieten sich folgende wirksame Kräuter-Rezepturen an:

* Aufguß mit 2 Prisen **Melisse,** 1 Prise **milder Minze,** 1 Prise **römische Kamille** pro Tasse. 4 Minuten ziehen lassen und davon 3 Tassen täglich trinken.
* Übergießen Sie 1 Prise **Basilikum** mit 1 Tasse kochendem Wasser. 4 Minuten ziehen lassen und täglich 2 – 3 Tassen davon trinken.
* Mehrmals täglich einen Aufguß mit 2 Prisen **Lavendel** auf eine Tasse trinken.
* Je 2 Prisen **Melisse, römische Kamille, Rosmarin, Wiesenkönigin** und **Silberweide** pro ½ l kochendes Wasser. 5 Minuten ziehen lassen, 2 Tassen am Tag trinken. Mit Rosmarinhonig süßen, falls Sie nicht zuckerkrank sind.

Äußerliche Anwendungen:

* Manchmal helfen rohe Kartoffelscheiben, die auf die Stirn gelegt werden. Oder ein Stück frische Ingwerwurzel zum Einreiben der Schläfen.

* Versuchen Sie Inhalationen mit Thymian: 1 Handvoll **Thymian** 5 Minuten in ½ Liter Wasser kochen und dann die Dämpfe einatmen.
* 10 Prisen **Fenchelsamen** mit ½ l kaltem Wasser zum Kochen bringen und 5 Minuten kochen lassen. Danach abseihen und den erkalteten Absud 3 mal täglich als Lotion auf die Stirn auftragen.

Mund- und Rachenentzündungen/ Geschwüre

Entzündungen im Mund- und Rachenbereich sind häufig Begleiterscheinungen anderer Krankheiten, können aber auch separat auftreten.

Durch die Schwellungen der Schleimhäute oder gar Geschwüre im Mund- und Rachenbereich werden oft starke Schmerzen hervorgerufen. Kaufähigkeit, Geschmacksempfinden und somit auch der Appetit sind schwer eingeschränkt. Weitere Begleiterscheinungen sind vermehrte Speichelbildung, geschwollene und druckempfindliche Speicheldrüsen und Mundgeruch.

Sollten die Beschwerden spätestens nach 1 Woche nicht abgeklungen sein, bitte unbedingt bei einem Arzt Rat einholen. Die Behandlung von Geschwüren im Mund-Rachenbereich erfordert Geduld. Sie sollte unter ärztlicher Aufsicht erfolgen und kann sich über mehrere Wochen hinziehen.

Die Symptome machen es oft unmöglich, feste Nahrung aufzunehmen. Deshalb bieten sich Breigerichte und Haferschleim an. Diese Mahlzeiten sollten Sie mit frischen Obst- und Gemüsesäften anreichern, da Ihr Körper gerade durch die Krankheit mehr Vitamine braucht.

Auch zur Beseitigung dieser unangenehmen Entzündungen bietet der Garten der Natur seine Hilfe an:

* Gurgeln Sie mehrmals täglich mit einem Absud aus **Malvenblüten.** Kochen Sie dazu 4 Prisen Malvenblüten mit ½ l Wasser kurz auf und lassen Sie das Ganze vor dem Abseihen 5 Minuten ziehen.
* Entzündungshemmend und bakterientötend wirkt auch folgendes Rezept: Überbrühen Sie 3 Prisen **Salbeiblätter** und 3 Prisen Blüten der **römischen Kamille** mit ½ l Wasser und lassen Sie das Ganze 6 – 10 Minuten ziehen. Damit möglichst mehrmals täglich gurgeln.
* Bei *Mundfäule* hilft das Gurgeln mit einer konzentrierten Decoction aus 4 Prisen **Basilikum** auf 1 l Wasser.
* Bei *Zahnfleischentzündung:*
  4 Prisen **Malvenblüten,** 4 Prisen **Thymian** und 3 Prisen **Salbei** 5 Minuten in ½ Liter Wasser kochen lassen. Mit dem warmen Absud 3 mal täglich Mundspülungen durchführen.
  Außerdem wird empfohlen, das Zahnfleisch mit Zitronensaft einzureiben und schwarze Johannisbeeren, Orangen und Ananas zu essen. Süßigkeiten und Tabak sind zu meiden.

Nervöse Magenbeschwerden

Nervöse Magenbeschwerden sind stets seelisch mitbedingt und können sich zu organischen Krankheiten entwickeln. Streß, Kummer, Ärger, ungelöste Probleme etc. "schlagen auf den Magen" und äußern sich dort durch Symptome wie Schmerzen, Krämpfe, Brechreiz, Magendrücken. Oftmals entstehen auch Magengeschwüre.

Deshalb ist es wichtig, daß Sie sich einem Arzt anvertrauen, der Sie auf Magengeschwüre untersucht.

Bei Neigung zu Sodbrennen bitte folgende Hinweise beachten: Langsam essen, gebratene und geräucherte Speisen möglichst meiden. Auch eiskalte Speisen und kohlensäurehaltige Getränke wirken sich ungünstig aus. Alkohol, Tabak, Essig und scharfe Gewürze (wie Pfeffer und Piment) meiden.

Es gibt einige Kräuter, die Sie zur Linderung nervöser Magenbeschwerden einsetzen können:

* Bei *Magenkrämpfen* hilft ein Aufguß mit 1 Prise **Basilikum** und 2 Prisen **Majoran** pro Tasse, 4 Minuten ziehen lassen.

* Bei *Sodbrennen:*
  Je 2 Prisen **Citronelle, römische Kamille, Melisse, Basilikum** und 1 Prise **Süßholz** (bei hohem Blutdruck durch Eisenkraut ersetzen!) pro ½ Liter kochendes Wasser. 4 Minuten ziehen lassen. 2 Tassen am Tag trinken.

Nierenerkrankungen

Die Nieren befreien uns täglich von Abfallstoffen und filtern ständig das Blut. Viele Krankheiten sind durch Funktionsstörungen der Nieren bedingt, was aber leider oft zu spät erkannt wird. Die Nieren sind ein wichtiges Entgiftungsorgan. Deshalb sollte auf ihre Gesundheit besonders viel Wert gelegt werden.

Häufige Beeinträchtigungen der Nieren sind Nierensteine oder Entzündungen.

Durch Harnuntersuchungen lassen sich Nierenerkrankungen leicht feststellen, da sich Harnmenge, Farbe und spezifisches Gewicht bei Störungen verändern.

Wenn Steine oder Grieß durch den Urin abgehen, sollten diese auf jeden Fall im Labor analysiert werden. Je nach Zusammensetzung der Steine wird Ihnen Ihr Arzt eine spezielle Diät ausarbeiten, die streng befolgt werden muß.

Sehr wichtig ist auch, daß Sie viel Flüssigkeit zu sich nehmen, aber keinen Alkohol, Kaffee oder säurehaltige Getränke (wie z. B. Orangensaft). Am besten eignen sich Kräutertees und stilles Mineralwasser. Vor allem Kräuter, die entwässernd wirken, unterstützen die Funktion der Nieren. Sehr gut ist auch der häufige Verzehr von Äpfeln.

* *Förderung der Nierentätigkeit:*
  2 Prisen **Lindensplint** mit ½ l Wasser aufkochen, 5 – 10 Minuten kochen lassen, dann 3 Prisen **Heidekraut** und 2 Prisen **Thymian** 4 Minuten mitziehen lassen und abseihen.
* Wegen ihrer diuretischen Wirkung eignen sich auch **Erdbeerblätter, Wiesenkönigin, Kirschenstiele** und **Eschenblätter** hervorragend zur *Unterstützung der Nierenfunktion.*
* Vorhandene *Nierensteine* können leider nicht aufgelöst werden. Zur Vorbeugung gegen die Bildung neuer Steine empfehle ich Ihnen folgende Rezeptur:
  5 Prisen **Kirschenstiele** und 2 Prisen **Queckenwurzel** 5 Minuten in 1 Liter Wasser kochen lassen, danach je 3 Prisen **Eschenblätter, Wiesenkönigin** und **Steinsame** hinzufügen. Noch 4 Minuten zusammen ziehen lassen. Über den Tag verteilt in kleineren Mengen trinken. Mit Pyrenäenhonig süßen, falls Sie nicht zuckerkrank sind.

Pilze und Bakterien

Trotz unseres hohen Hygiene-Standards nehmen Hauterkrankungen durch Pilze und Bakterien ständig zu.

Wer sich infiziert hat, sollte peinlichst auf Hygiene achten. Dazu zählt vor allem das tägliche Wechseln von Wäsche, Handtüchern, Strümpfen etc.

* Ein bewährtes Heilmittel bei bakteriellen Haut- und Schleimhautdefekten und Pilzerkrankungen ist der **Lavendel.** Innerlich und äußerlich verwendet wirkt er antiseptisch auf krankheitserregende Mikroorganismen und Parasiten. Ein heißer Lavendelabsud mit 1 Handvoll Lavendelblüten auf 1 Liter Wasser hilft in Form von Kompressen bei allen Formen von Haut- und Nagelpilzen.

Prellungen, Quetschungen, Blutergüsse

Durch Schlag- und Sturzverletzungen entstehen häufig Prellungen, Quetschungen, Blutergüsse etc.

In schweren Fällen ist auf jeden Fall ärztliche Behandlung notwendig.

Bei leichteren Verletzungen läßt sich die Heilung mit Hilfe von Kräutern beschleunigen:

* Bei *Bluterguß* hilft ein Wickel mit **Anis,** der eine gewebekräftigende Wirkung hat. Bereiten Sie dazu einen starken Anis-Aufguß, den Sie abkühlen lassen. Darin Mull-Tücher oder Kompressen tränken und auf die Wunde legen. Je nachdem, wo sich der Bluterguß befindet, kann man die Kompresse bzw. den Wickel mit Plastik-Folie abdecken und mit einem Verband befestigen. Nach einiger Zeit erneuern.
* Im Falle von *Prellungen* oder *Quetschungen* bereiten Sie auf die gleiche Weise Umschläge oder Kompressen mit einer Abkochung aus **Lorbeerblättern.**

Prostata-Erkrankungen

Viele Männer leiden unter einer Entzündung oder Vergrößerung der Prostata. Eine ärztliche Betreuung ist dabei auf jeden Fall notwendig.

Bei akuter Entzündung ist es notwendig, einige Tage Bettruhe einzuhalten. Eine fleischlose Diät fördert den Heilungsprozeß. Auf ballaststoffreiche Kost und ausreichende Vitaminzufuhr achten.

Zur Vorbeugung und Behandlung bei Prostatavergrößerung sollten Sie Weißmehl, Zucker, Innereien, Muscheln und Schalentiere von Ihrem Speiseplan streichen. Auch Fleisch und Wurst sollten nur noch in geringen Mengen verzehrt werden. Alkohol, Tabak, Kaffee, kalte Getränke, scharfe Gewürze (wie Pfeffer und Piment), sind zu meiden.

Sorgen Sie für eine geregelte Verdauung. Dies geschieht am besten durch den Verzehr von viel frischem Obst und Gemüse und Vollkornprodukten.

Auf jeden Fall sollten Sie ständig unter ärztlicher Kontrolle stehen. Zusätzlich zu einer Behandlung durch einen Urologen empfehle ich Ihnen folgende Rezepturen:

* Gegen Infektionen der Prostata wirkt folgender Tee:
  2 Prisen **Lindensplint** mit ca. ½ Liter Wasser 7 – 10 Minuten kochen lassen, dann 3 Prisen **Heidekrautblüten** und 2 Prisen **Thymian** hinzufügen und nochmals 4 Minuten ziehen lassen. Jeden Abend eine Tasse warm trinken.

* 3 **Wacholderbeeren** 5 Minuten lang in ca. ¼ l (1 Tasse) Wasser kochen lassen, danach 3 Prisen **Heidekrautblüten** und 2 Prisen **Thymian** hinzufügen. Nach 4 Minuten abseihen, warm trinken. Mit Thymianhonig süßen, falls Sie nicht zuckerkrank sind.

Rheumatismus

Wenn sich der Rheumatismus durch schmerzhaftes Anschwellen der Gelenke bemerkbar macht, dann ist die Krankheit schon weit fortgeschritten. Zu Beginn dieser Krankheit sind manchmal lediglich Appetitlosigkeit, Schweißausbrüche, rasche Ermüdung als Symptome wahrnehmbar. Nach einiger Zeit treten vorübergehend Schmerzen in Muskeln oder Gelenken auf. Es kann einige Zeit vergehen, bis es dann zum endgültigen Ausbruch des Rheumatismus mit all seinen unangenehmen Begleiterscheinungen kommt.

Am häufigsten sind die Fingergelenke, das Handgelenk, die Zehengelenke und das Fußgelenk betroffen. Oft kommt es zu Deformierungen an Händen und Füßen. Auch außerhalb der Gelenke können rheumatisch bedingte Veränderungen auftreten, wie Drüsenschwellungen oder Entzündungen des Schleimbeutels in verschiedenen Bereichen des Körpers. Sogar Krankheiten des Nervensystems können rheumatisch bedingt sein.

Rheuma ist eine Krankheit, die auf jeden Fall in ärztliche Behandlung gehört. Sehr hilfreich bei der Behandlung ist Wärmezufuhr von außen. Auch Kuren in Thermalbädern wirken sich positiv aus.

Von innen ist es wichtig, für eine regelmäßige Verdauung und Blutreinigung zu sorgen. Dies läßt sich durch eine Umstellung der Ernährung, sowie durch Kräutertees, erreichen. Es sollte weniger Fleisch gegessen werden. Wurstwaren, Schokolade, Innereien, Kakao, weißer Zucker und Alkohol sind zu meiden.

Zu folgendem Obst und Gemüse kann ich Ihnen besonders raten: Knoblauch, Zwiebeln, Sellerie, Karotten, Kohl, Rettich, Porree, Artischocken, Schwarzwurzeln, Löwenzahn-, Endivien-, Chicoree-, Feld- und Kopfsalat, Birnen, Kirschen, schwarze Johannisbeeren, Himbeeren, Brombeeren, Melonen, Zitronen, Erdbeeren, Weintrauben und Äpfel.

Ungünstig dagegen sind Sauerampfer, Spinat, Mangold und Rosenkohl.

Hier meine Rezepturen:

* Schmerzlindernd und entzündungshemmend wirkt ein Tee aus **Silberweide:** 2 Prisen der Blätter mit 1 Tasse kochendem Wasser überbrühen und 4 Minuten ziehen lassen. Morgens und abends je 1 Tasse trinken.

* Eine Besserung des Rheuma-Leidens wird auch durch folgende Tee-Mischung erzielt: Je 1 Prise **Wiesenkönigin, Erdbeerblätter, Heidekrautblüten** und **Thymian** mit 1 Tasse kochendem Wasser überbrühen und 4 Minuten ziehen lassen. 6 Wochen lang täglich nach dem Abendessen 1 Tasse trinken.
* **Lavendel** ist wegen seiner harntreibenden und ausscheidungsfördernden Wirkung sehr gut bei Rheuma, das ja auch eine stoffwechselbedingte Krankheit ist, geeignet.
  2 Prisen Lavendel mit 1 Tasse heißem Wasser überbrühen, 4 Minuten ziehen lassen. Täglich 1 – 2 Tassen trinken. Auch ein Lavendelbad wirkt wohltuend.
* 4 Prisen **Löwenzahnwurzel** und 3 Prisen **Queckenwurzel** 5 Minuten in ½ Liter Wasser kochen lassen und 3 Prisen **Wiesenkönigin,** 2 Prisen **Eschenblätter** und 2 Prisen **Heidekrautblüten** zufügen und das Ganze zusammen 5 Minuten ziehen lassen. 2 Tassen am Tag trinken. Mit Pyrenäenhonig süßen, falls Sie nicht zuckerkrank sind.
* In der äußerlichen Anwendung bietet sich ein Vollbad mit einer starken Abkochung aus **Lorbeerblättern** an. Auch **Wacholderbeeren** oder **Rosenknospen** sind hervorragend als Badezusatz geeignet.
* Sehr wirksam ist eine Kur in Form von Hand- und Fußbädern. Lassen Sie dazu 2 Handvoll **Rosmarin** und 2 Handvoll **Heidekrautblüten** 15 Minuten in 5 Liter Wasser kochen und danach noch 2 Stunden ziehen. Dann durch ein Sieb gießen und in dieser Flüssigkeit jeden Morgen die Füße und jeden Abend die Hände 10 Minuten lang baden. Dafür das Bad auf 39 °C erhitzen, aber nicht mehr zum Kochen bringen. Die gleiche Flüssigkeit kann 5 Tage lang benutzt werden. Dann ein neues Bad zubereiten. Eine Kur sollte über eine Dauer von 3 Wochen durchgeführt werden. Dann 14 Tage Pause machen und eventuell danach eine neue Kur anfangen.
* Die schmerzenden Stellen können mit folgendem Öl eingerieben werden: 5 Prisen **römische Kamille** in einer Tasse reinem Olivenöl eine Stunde lang im Wasserbad ziehen lassen.
* Ratsam und hilfreich ist auch folgendes:
  Abends 1 Grünkohlblatt in warmes Wasser tauchen und etwas klopfen, dann auf das schmerzende Gelenk mit einer Binde daraufwickeln und über Nacht einwirken lassen.
  Zu empfehlen sind auch Massagen mit einer “Revitalisierungscreme”, welche Extrakte aus Wacholder und Schafgarbe enthält.

Schlaflosigkeit

Probleme beim Einschlafen oder zu leichter Schlaf treten in unserem hektischen Zeitalter häufig auf. Ein ständiger Mißbrauch von Schlafmitteln ist die Folge.

Schlafstörungen werden ausgelöst durch Streß, Hektik und Lärm, monotone Arbeit, Bewegungsmangel oder zu hohen Konsum von Genußgiften. Auch zu spätes und schwer verdauliches Abendessen oder psychische Belastungen kommen als Ursache in Frage.

Ich rate Ihnen, abends eine leichte Mahlzeit mit wenig Fleisch und viel Kopfsalat zu essen und Alkohol, schwarzen Tee und Kaffee zu meiden. Apfelsinen und andere Zitrusfrüchte sollten Sie morgens essen.

Anstatt Schlaftabletten zu schlucken, sollten Sie den Tag mit einer Tasse Kräutertee ausklingen lassen. Auch eine Tasse warme Milch, mit Orangenblütenhonig gesüßt, hilft oft in den Schlaf. Es gibt genügend Kräuter, die beruhigend und schlaffördernd wirken, ohne den Organismus zu belasten, zum Beispiel:

* 1 Prise **Lavendelblüten,** 1 Prise **Majoran,** 1 Prise **Basilikum,** 2 Prisen **Wildorangenknospen** und 2 Prisen Blüten der **römischen Kamille,** mit ½ l kochendem Wasser überbrühen und 3 Minuten ziehen lassen. Trinken Sie 2 Tassen täglich (eine davon abends).

* Je 2 Prisen **Majoran, Melisse, Silberweide, Wildorangenknospen** und **Lindenblüten** pro ½ Liter kochendes Wasser. 4 Minuten ziehen lassen, 2 Tassen am Tag trinken.
  Mit Orangenblütenhonig süßen, falls Sie nicht zuckerkrank sind.

Schnupfen

Diese harmlose aber lästige Erkrankung entsteht durch Virusinfektion. Besonders in der kalten Jahreszeit verbreiten sich die Krankheitserreger rasch. Niesreiz, wäßrige Sekretion und Schwellung der Nasenschleimhäute sind die Symptome. Das Atmen ist erschwert und häufig treten Begleiterscheinungen wie Kopfschmerzen, Fieber und Frösteln auf.

Ein Schnupfen heilt meist in 7 – 10 Tagen aus. Sollte er nach 2 Wochen noch nicht verschwunden sein, dann ist es höchste Zeit, einen Arzt aufzusuchen.

Wenn Sie an Schnupfen erkrankt sind, sollten Sie frisch gepreßten Saft aus Zitronen und Orangen trinken und Heidelbeeren und schwarze Johannisbeeren essen. Tabak ist zu meiden.

Zur Linderung des Schnupfens und zur Beschleunigung der Heilung sind vor allem Pflanzen geeignet, die ätherische Öle enthalten. Hier meine Rezepte:

* Je 2 Prisen **Thymian, Quendel, Bohnenkraut, Eukalyptusblätter** und **Malvenblüten** pro ½ Liter kochendes Wasser. 4 Minuten ziehen lassen und 2 Tassen am Tag trinken. Mit Thymianhonig süßen, falls Sie nicht zuckerkrank sind.

* Bei fieberhaftem Schnupfen ist ein Aufguß mit **Wildorangenknospen** und **Silberweide** eine Wohltat. Überbrühen Sie pro Tasse 2 Prisen Wildorangenknospen und 2 Prisen Silberweide mit kochendem Wasser und lassen Sie den Tee 4 Minuten ziehen. Täglich 2 – 3 Tassen trinken. Sie können die Kräuter auch mit einem Absud aus Kirschenstielen überbrühen, die 5 Minuten gekocht wurden und dadurch die Wirkung verstärken.

* **Lindenblütentee** stärkt die körpereigenen Abwehrkräfte und ist daher zur Vorbeugung gegen Schnupfen und zu seiner Behandlung bestens geeignet.

* Auch die altbewährten Gesichtsdampfbäder mit Kräuterzusatz helfen, den Schnupfen zu vertreiben. Als Zusatz eignen sich die Blüten der **römischen Kamille, Majoran** oder **Eukalyptusblätter.**

Verdauungsstörungen

Falsche Ernährung, hektische Lebensweise und Bewegungsmangel sind die Zeichen der heutigen Zeit. Eine Folge davon ist das häufige Auftreten von Verdauungsstörungen. Oft treten Verdauungsstörungen bei Reisen auf, wenn der Körper ungewohnte Kost bekommt und einem fremden Klima ausgesetzt ist.

Bei **Verstopfung** und Darmträgheit ist unbedingt eine Änderung der Ernährungs- und Lebensgewohnheiten notwendig.

Essen Sie viel Vollkornprodukte, Haferflocken, Rohkost, frisches Obst und Gemüse. Sorgen Sie für ausreichende Flüssigkeitszufuhr, indem Sie viel Kräutertee und Mineralwasser trinken. Langsam essen und gut kauen. Tabak, Alkohol, Schokolade, scharfe Gewürze (wie Pfeffer und Piment), stark fermentierte Käsesorten und kohlensäurehaltige Getränke meiden.

Morgens nüchtern ein Gläschen Pflaumensaft trinken oder 2 eingeweichte Trockenpflaumen essen. 2 Eßlöffel Olivenöl helfen ebenfalls in den meisten Fällen.

Folgendes Obst und Gemüse wird empfohlen: Porree, Karotten, Auberginen, Spargel, Kürbisarten wie Zucchini, Endivien- und Chicoreesalat, Kopfsalat, Löwenzahnsalat, Zwiebeln, Äpfel, Birnen, Erdbeeren, Himbeeren, Kirschen, Orangen, Pampelmusen, Weintrauben, Pflaumen, Pfirsiche, Aprikosen und Melonen. Würzen Sie Ihre Speisen mit folgenden Kräutern, welche die Verdauung anregen: Estragon, Kerbel, Minze, Petersilie, Dill, Basilikum, Schnittlauch, Thymian, Rosmarin, Bohnenkraut und Fenchel.

Als Ursache für **Durchfall** kommen Infektionen oder Störungen im Magen-Darm-Bereich in Frage; er kann jedoch auch durch Allergien oder nervlich bedingt sein.

Bei Verdacht auf Infektion sollten Sie den Durchfall einen Tag lang unbehandelt lassen, damit der Körper die Giftstoffe ausscheiden kann. Dabei auf ausreichende Flüssigkeitszufuhr achten. Danach sind ein bis zwei Fastentage angebracht, nach denen Sie langsam wieder mit leichter Kost in kleinen Portionen beginnen. Dazu eignen sich vor allem Zwieback und Haferschleim. Da der Körper viel Wasser verliert, muß viel getrunken werden, am besten Kräutertee. Folgendes Obst und Gemüse ist zu empfehlen: Karotten, Äpfel, Heidelbeeren.

Bei kleinen Kindern und Säuglingen mit Durchfall besteht die Gefahr einer Deshydration. Deshalb gehören Kinder mit Durchfall unbedingt sofort in ärztliche Behandlung.

Hier meine Kräuter-Rezepturen für Störungen des Verdauungstraktes:

* Spezialmischung gegen *Verstopfung:*
  2 Prisen **Eisenkraut,** 2 Prisen **Ysop,** 1 Prise **Anis,** 2 Prisen **Kerbel,** 2 Prisen **Lavendel,** 1 Prise **Basilikum** und 1 Prise **Rosenblüten** mit ½ Liter kochendem Wasser überbrühen, 4 Minuten ziehen lassen. Je 1 Tasse nach den 2 Hauptmahlzeiten trinken.

* Bei *Darmträgheit:*
  2 Prisen **Löwenzahnwurzeln** und 2 Prisen **Queckenwurzeln** in ½ l Wasser 5 Minuten kochen lassen, dann 2 Prisen **Malvenblüten** und 2 Prisen **Eschenblätter** hinzugeben und zusammen nochmals 3 – 5 Minuten ziehen lassen. 2 Tassen am Tag trinken. Mit Pyrenäenhonig süßen, falls Sie nicht zuckerkrank sind.

* Zur besseren *Verdauung:*
  Je 2 Prisen **Anis, Melisse, römische Kamille, milde Minze** und 1 Prise **Eisenkraut** mit ½ Liter kochendem Wasser überbrühen und 4 Minuten ziehen lassen. 2 Tassen am Tag trinken. Mit Rosmarinhonig süßen, falls Sie nicht zuckerkrank sind.

* *Durchfall:*
  Je 2 Prisen **Erdbeerblätter, Bohnenkraut, Fenchel** und 1 Prise **Anis** pro ½ l kochendes Wasser, 4 Minuten ziehen lassen, 2 Tassen am Tag trinken. Mit Orangenblütenhonig süßen, falls Sie nicht zuckerkrank sind.

* Bei *Durchfall* eignet sich auch **Schwarzer Tee.** Der Aufguß sollte nicht zu stark sein, d.h. wenig Teeblätter nehmen, aber 5 Minuten ziehen lassen.
  Hilfreich ist auch ein Apfel, der fein gerieben verzehrt wird.

* *Blähungen:*
  Je 2 Prisen **Fenchel, Eisenkraut, milde Minze, Anissamen** und 1 Prise **Basilikum** pro ½ l kochendes Wasser, 4 Minuten ziehen lassen, 2 Tassen am Tag nach dem Essen trinken.
  Mit Pyrenäenhonig süßen, falls Sie nicht zuckerkrank sind.

Wunden

Heutzutage steht zum Glück bei Unfallverletzungen eine gute medizinische Versorgung zur Verfügung, die bei schwereren Fällen sofort genutzt werden sollte.

Kleinere Wunden lassen sich oft selbst behandeln. Wichtig ist dabei, daß es hygienisch zugeht. Am besten sofort mit einem Alkoholtupfer abtupfen.

Auch zur Beschleunigung der Wundheilung hält die Natur ihre Hilfsmittel bereit:

* Bei schlecht heilenden Wunden helfen Waschungen mit einem Aufguß aus **Schafgarbe.** Lassen Sie dazu 5 Prisen Schafgarbe in ½ l Wasser 10 Minuten ziehen und waschen Sie die Wunden damit. Tuch oder Kompresse immer wieder neu anfeuchten. Die Prozedur mehrmals wiederholen, eventuell mit Alkoholumschlag.

Zahnschmerzen und Zahnfleischerkrankungen

Gesunde Zähne und gesundes Zahnfleisch sind sehr wichtig für die Nahrungsaufnahme. Die Verdauung beginnt bereits im Mund, d. h. je besser Sie die Nahrungsmittel durchkauen, um so leichter können diese in Magen und Darm weiterverarbeitet werden.

Die Speisen können aber nur gut durchgekaut werden, wenn Zähne und Zahnfleisch in Ordnung sind. Deshalb sollten regelmäßige Kontrollbesuche beim Zahnarzt selbstverständlich sein.

Wichtig für die Gesunderhaltung von Zähnen und Zahnfleisch ist die regelmäßige Reinigung der Zähne mit einer guten Pflanzen-Zahnpasta.

Zur Vorbeugung und Linderung von Zahnbeschwerden lassen sich Kräutertees hervorragend einsetzen:

* Bei *Zahnfleischbluten* sollten Sie über den Tag verteilt 2 – 3 mal mit **Salbei**tee gurgeln. Dazu 1 – 2 Prisen Salbeiblätter mit 1 Tasse kochendem Wasser überbrühen und 7 – 10 Minuten ziehen lassen.
* Wenn Sie von *Zahnschmerzen* geplagt werden und gerade kein Zahnarzt erreichbar ist, wirkt ein Kamillen-Aufguß oder -Tupfer auf den Zahn schmerzlindernd. Lassen Sie 4 Blüten der **römischen Kamille** (auf 1 Tasse Wasser) 4 – 5 Minuten ziehen und trinken Sie langsam den warmen Tee. Auch Mundspülungen sind wohltuend.
* Gegen *Zahngeschwüre, Zahnschmerzen* und *Mundfäule* hilft eine Abkochung mit **Malvenblüten.** Kochen Sie 2 Prisen Malvenblüten mit ¼ l Wasser kurz auf. Dann den Topf von der Feuerstelle nehmen und den Absud vor dem Abseihen 4 – 5 Minuten ziehen lassen.
* Eine schlimme Erkrankung des Zahnfleisches ist die *Paradontose.* Erste Anzeichen sind Zahnfleischbluten und eine Rückbildung des Zahnfleisches. Im Endstadium fallen die Zähne schließlich aus. Zur Vorbeugung, oder wenn bereits Anzeichen für Paradontose vorhanden sind, eignen sich folgende Maßnahmen: Benutzen Sie eine weiche Zahnbürste und achten Sie auf vitaminreiche Ernährung. Außerdem sollten Sie regelmäßig Mundspülungen mit **römischer Kamille** und **Salbei** (abwechselnd) durchführen und jeden Abend das Zahnfleisch mit dem Zeigefinger fest massieren. Zusätzlich können Sie frische Salbeiblätter kauen, jedoch nicht bei Neigung zu hohem Blutdruck.

KRÄUTER FÜR IHRE SCHÖNHEIT

Der Einsatz von Kräutern für die Schönheitspflege hat eine lange Tradition. Sowohl mit der innerlichen als auch der äußerlichen Anwendung von Kräutern lassen sich gute Erfolge erzielen.

Wie bereits bemerkt wurde, sind Schönheit und Gesundheit untrennbar miteinander verbunden. Nur wenn alle Körperorgane gut funktionieren, ist die Grundlage für eine reine, glatte Haut vorhanden.

Krankheiten, ob versteckt oder bekannt, hinterlassen oft ihre Spuren im Gesicht. Fältchen, unreine Haut oder die Veränderung der Hautfarbe sind die sichtbaren Zeichen für Störungen im Organismus. Deshalb sollte bei Hautproblemen, die über längere Zeit andauern, immer ein Arzt oder Heilpraktiker zu Rate gezogen werden, um festzustellen, ob nicht irgendwelche Krankheiten im Körper schlummern.

Mein Motto lautet: "Schönheit von innen und außen". Durch das Zusammenwirken von Kräutertees, Kompressen, Dampfbädern etc. sowie die Anwendung einer guten Kosmetik-Serie mit Kräuterextrakten, lassen sich für die Schönheit optimale Erfolge erzielen.

Wie wirken nun die Kräuter bei Schönheitsproblemen? Jedes Kraut, jede Pflanze enthält eine Kombination von Inhaltsstoffen mit unterschiedlicher Wirkung.

Welche Wirkstoffe die einzelnen Kräuter enthalten, wurde bereits bei der Beschreibung der Kräuter (Kapitel 2) erwähnt. Hier soll nun kurz die Wirkung der wichtigsten Inhaltsstoffe im Hinblick auf die Schönheitspflege erläutert werden:

Ätherische Öle

Diese angenehm duftenden Öle sind in Blüten und Knospen, Blättern, Samen, Hölzern und Wurzeln der Pflanzen vorhanden. Ätherische Öle haben neben dem angenehmen Duft auch noch eine heilende und pflegende Wirkung. Sie werden oft von den Pflanzen extrahiert und als Zusatz für Kosmetika aller Art verwendet.

Azulen

Dieser Wirkstoff ist in manchen ätherischen Ölen enthalten (z.B. bei Kamille und Schafgarbe). Allerdings nicht in den frischen Blüten, da Azulen erst beim Trocknen der Pflanzen oder durch Destillation entsteht. Azulen ist u. a. für empfindliche Haut bestens geeignet und wirkt entzündungshemmend.

Gerbstoffe

Gerbstoffe sind wasserlöslich und haben eine adstringierende (zusammenziehende) Wirkung. Deshalb eignen sie sich gut als Zusatz für ein Gesichtswasser und sind auch bei Entzündungen wirksam.

Glykoside

Glykoside sind Zuckerverbindungen, die in zahlreichen Pflanzen vorkommen. Sie wirken u.a. schweißtreibend.

Hormone

Die natürlichen Pflanzenhormone lassen sich in der Kosmetik sehr gut zur Straffung der Haut einsetzen (z.B. enthalten in Fenchel, Steinsame).

Saponine

Saponine sind Glykoside (sh. oben), die in wässriger Lösung eine starke Schaumbildung entwickeln. Sie wirken reinigend und fördern die Durchblutung der Haut.

Schleimstoffe

Die Schleimstoffe setzen sich in der Hauptsache zusammen aus Stärke, Zellulose und Pektinen. Wegen ihrer beruhigenden und reizlindernden Wirkung lassen sie sich in der Kosmetik gut bei gereizter, empfindlicher Haut einsetzen.

(Anmerkung des Verlags: Bezugsquellen-Nachweise für die Kräuter und die Kräuter-Vital-Cosmetic-Serie von Maurice Mességué erhalten Sie bei: Rudi Karcher GmbH, An der Roßweid 22, 7500 Karlsruhe 41).

Akne

Der Begriff "Akne" hat sich im Volksmund als Sammelbegriff für alle Arten von Hautunreinheiten eingebürgert.

In der Kosmetik versteht man unter Akne eine von Entzündungen begleitete Überfunktion der Talgdrüsen, die bei seborrhöeischer Haut auftritt. Die Akne vulgaris, als die am weitesten verbreitete Akne-Art, tritt meistens bei Jugendlichen in der Pubertät auf, bedingt durch Schwankungen des Hormonspiegels.

Als Ursache kommen auch falsche Ernährung, Genußgifte, schlechte Verdauung oder äußere Einwirkungen (z.B. unverträgliche Kosmetika, Seifen, Bakterien etc.) in Frage.

Die Akne äußert sich in Form von Pickeln, Pusteln, Mitessern, Knötchen und Bläschen, die sich zu eitrigen Abszessen entwickeln können. Die betroffenen Partien sind vor allem Gesicht, Rücken und Brust.

Oftmals hinterläßt die Akne eine narbige Haut. Deshalb sollte schon bei den ersten Anzeichen mit einer gezielten Behandlung begonnen werden. Eine Umstellung der Ernährung und die Behandlung mit Kräutern und geeigneten Kosmetik-Produkten wirken oft Wunder.

Bei der Ernährung sollte auf tierische Fette und Zucker weitgehend verzichtet werden. Akne-Patienten sollten viel Vollkornbrot und ungeschälten Reis essen, denn darin sind viele für die Haut wichtige Vitamine enthalten.

Bei Akne ist auch intensive Sonnenbestrahlung zu vermeiden, da durch die Sonneneinwirkung die Epidermis verhärtet wird. Dies fördert die Verstopfung der Talgkanäle, was wiederum die Tendenz zu Entzündungen fördert.

Gerade bei der Akne-Haut ist eine regelmäßige gründliche Reinigung und Pflege sehr wichtig. Besonders gut eignet sich dazu eine milde Reinigungsmilch mit Kräuter-Extrakten, ein Kampfer-Gesichtswasser, sowie spezielle Pflegecremes mit Kräuter-Extrakten. Zur Intensivpflege eignet sich eine Maske mit Kräuter-Wirkstoffen wie Salbei, Thymian, Wacholder und Lavendel. Daneben empfehle ich Ihnen folgende Kräuter-Rezepturen:

* Bei allen Akneformen ist folgender Tee-Aufguß, dreimal täglich getrunken, eine wertvolle Hilfe: 2 Prisen **Eisenkraut,** 1 Prise **Erdbeerblätter** und 1 Prise **Heidekraut** auf 1 Tasse kochendes Wasser (4 Min. ziehen lassen).

* Bei Akne, die überwiegend in der unteren Gesichtshälfte auftritt, sollten Sie täglich 2 – 3 Tassen von folgendem Tee trinken: 1 l Wasser mit 2 - 3 Prisen **Löwenzahnwurzeln** zum Kochen bringen und 7 – 10 Minuten kochen lassen. Mit dem Absud je 3 Prisen **Minze** und **Thymian** überbrühen und nach 4 – 5 Minuten abseihen.
* **Quendel** desinfiziert den Darm und wird zur Behandlung der Akne innerlich und äußerlich mit großem Erfolg eingesetzt.
* Aknepatienten, die zu Entzündungen neigen, verwenden **Süßholzwurzel** als Zuckerersatz mit zu anderen Tees, wie z.B. **römische Kamille, Thymian, Lindenblüten** und **Minze.**
* Zur Stabilisierung des Hauttalges bei Akne sollten Sie morgens und abends folgenden Tee trinken: 4 Prisen **Kirschenstiele** mit 1 l Wasser zum Kochen bringen und 7 – 10 Minuten leicht kochen lassen. Mit dem Absud je 3 Prisen **Lavendel, Thymian** und **Heidekraut** überbrühen und das Ganze nach 4 Minuten abseihen.
* Auch die Anwendung von **Heidekraut** in Form eines Tee-Aufgusses bringt Linderung. Die Anwendung kann gleichzeitig innerlich und äußerlich erfolgen.
* Ist die Akne auch psychisch bedingt, dann wirkt **Lavendel** mit seinen krampflösenden und beruhigenden Eigenschaften. Man genießt ihn 2 mal täglich als Tee-Aufguß (2 Prisen **Lavendelblüten** auf 1 Tasse kochenden Wassers).
* Erfolgreich gegen Akne ist auch die innere und äußerliche Anwendung von **Rosenknospen.** Äußerlich sind die Rosenknospen sehr wirksam in Form von Gesichtsdampfbädern.
* Ist die Akne auf nervöse Ursachen zurückzuführen, dann haben sich warme Kompressen mit einem Aufguß mit folgenden Kräutern auf 1 l Wasser bewährt: 3 Prisen **Rosenknospen,** 3 Prisen **Malvenblüten,** 2 Prisen **Salbei** und 4 Blütenköpfe der **römischen Kamille.**
* Trinken Sie vor dem Schlafengehen einen "Blutreinigungstee" mit 1 Prise **Schafgarbe,** 5 **Wacholderbeeren** und 2 Prisen **Wildorangenknospen** (auf 1 Tasse kochendes Wasser).
* Alle Akneformen lassen sich sehr gut mit warmen Kompressen bzw. Hand- und Fußbädern mit folgendem Grundpräparat behandeln: 3 Prisen **Rosenknospen,** 3 Prisen **Malveblüten,** 2 Prisen **Salbei** und 4 Blütenköpfchen der **römischen Kamille** mit ½ l kochendem Wasser überbrühen, 10 Minuten ziehen lassen und abseihen.

Die Augen

Strahlende Augen sind seit alters her ein wichtiges Schönheits-Symbol. Deshalb wirkt es für die Schönheit sehr störend, wenn die Augen entzündet, gerötet oder angeschwollen sind. Auch Ringe unter den Augen verändern das Erscheinungsbild negativ.

Deshalb sollten die Augen auch bei der täglichen Pflege nicht vernachlässigt werden. Zum Entfernen von Augen-Make-up und zur gleichzeitigen Pflege der zarten Haut um das Auge, eignet sich eine milde Augenabschminklotion. Ein hochwertiges Augengel, z.B. mit Blütenwachs, kühlt, entstaut, festigt das Gewebe und verzögert dadurch die Faltenbildung. Unschöne Augenringe werden aufgehellt.

* Ermüdete und gerötete Augen sind dankbar für Kompressen mit einem Aufguß aus **Anis** und **Fenchel** (die Früchte vor dem Überbrühen zerquetschen).
* Ihre entzündungshemmenden und entschwellenden Eigenschaften machen die **Rosenknospen** zu einem wichtigen Partner bei Bindehautentzündung und gequollenen Augen. Dazu 4 Prisen Rosenknospen mit ½ l kochendem Wasser überbrühen und nach 6 – 8 Minuten abseihen. Wattepads mit diesem Aufguß tränken und als Kompressen auf die Augen legen.
* **Schwarzer Tee** stärkt geschwächtes Gewebe im Augenbereich. Schwellungen, Rötungen und Ringe unter den Augen werden durch Kompressen gebessert.
* Wohltuende Kompressen für gereizte und gerötete Augen lassen sich auch mit einer Abkochung aus **Steinsame, Lindensplint** und **Fenchel**früchten zubereiten.
* Gegen Entzündungen im Augenbereich wirken Kompressen mit einer Abkochung aus **Süßholzwurzel.**

Viel Beachtung finden in der Schönheitspflege auch die Augenbrauen und Wimpern. Sie verleihen dem Gesicht Ausdruck und spielen eine große Rolle bei der Verführung. Dies ist der Grund, warum viele Frauen und Männer ihre Augenbrauen zupfen, bürsten oder färben und auch den Wimpern eine intensive Pflege zukommen lassen.

* Ein konzentrierter Aufguß mit 5 Prisen **Eukalyptusblättern** pro Tasse ist ein gutes natürliches Desinfektionsmittel, das nach dem Zupfen der Härchen auf die Augenbrauen aufgetragen wird.

Cellulite

Die Cellulite ist besser unter dem volkstümlichen Namen "Orangenhaut" bekannt. Über 90 % der Frauen leiden mehr oder weniger stark darunter. Männer sind sehr selten betroffen. Besonders in der warmen Jahreszeit, wenn leichte Bekleidung und Badeanzüge die Cellulite an Oberarmen und Oberschenkeln zum Vorschein bringen, wird alles mögliche versucht, um dieses Übel zu bekämpfen.

Die aufgeschwemmte Haut mit den kleinen Knötchen erinnert beim Betrachten an die Oberfläche einer Orangenschale. Daher die Bezeichnung "Orangenhaut".

Als Ursache für die Cellulite kommen Bewegungsmangel, falsche Ernährung, Funktionsstörungen von Nieren, Leber, Darm oder auch hormonelle Störungen in Betracht.

Zur Vorbeugung und Bekämpfung ist viel Bewegung wichtig. Schwimmen, Gymnastik und Radfahren sind geeignete Sportarten. Auch eine kalorienarme, ballaststoffreiche Ernährung ist wichtig.

Es gibt viele Kräuter, die sich aufgrund ihrer entschlackenden und entwässernden Wirkung hervorragend gegen Cellulite einsetzen lassen:

* **Enzianwurzel** fördert die Ausscheidung über die Nieren und begünstigt damit den Abtransport der Schlacken, was sich bei Cellulite günstig auswirkt.
* Täglich 3 mal getrunken, wirken **Erdbeerblätter** entwässernd und fördern die Tätigkeit des Lymphsystems. Dadurch wird die Cellulitebehandlung hervorragend unterstützt.
* **Lindensplint** ist wegen seiner harntreibenden Wirkung bei der Behandlung von Cellulite unentbehrlich. Außerdem greift er in den Fettstoffwechsel ein und begünstigt den Abbau und die Entleerung von Fettzellen. Lindensplint wird für den Tee als Abkochung zubereitet, da so die Wirkstoffe ins Wasser übergehen können. Zur Verstärkung der Wirkung und zur Geschmacksverbesserung kombiniert man den Lindensplint meistens mit anderen Kräutern.
* Wegen ihrer stark diuretischen (wassertreibenden) Wirkung werden **Eschenblätter** zusammen mit **Wiesenkönigin** und **Lindensplint** zur Cellulitebehandlung eingesetzt.
* Auch **Kirschenstiele** zusammen mit **Wiesenkönigin** und **Lindensplint** eignen sich hervorragend zur unterstützenden Behandlung der Cellulite. Die harntreibende Eigenschaft dieser Kräuter wirkt einer Bindegewebsverschlackung entgegen.

* Ein ideales Kraut zur Vorbeugung gegen die Cellulite ist das **Heidekraut,** besonders bei der Durchführung von Schlankheitskuren. Der regelmäßige Genuß von Heidekraut-Tee bewirkt eine Reinigung des Bindegewebes, so daß keine Cellulite entstehen kann.
* Die **Löwenzahnwurzel** – innerlich und äußerlich angewendet – greift bei Cellulite positiv in das Stoffwechselgeschehen ein. Sie wirkt anregend auf die Tätigkeit aller großen Ausscheidungsdrüsen und beeinflußt den Stoffwechsel im Bindegewebe.
* Zur Unterstützung der Cellulitebehandlung trinkt man 3 mal täglich eine Abkochung mit **Löwenzahnwurzeln** und **Lindensplint,** der man nach dem Kochen **Eschenblätter** beigibt und diese ca. 5 Minuten mitziehen läßt. Zur Geschmacksverfeinerung kann man **Wildorangenknospen, Rosenknospen, Minze** oder **Citronelle** beigeben.
* Zur Unterstützung einer Entschlackungskur, die auch der Cellulite entgegenwirkt, eignet sich sehr gut die **Queckenwurzel** in Verbindung mit **Wiesenkönigin** und **Lindensplint.**
* Die harntreibende Wirkung des **Quendel** macht ihn zum idealen Partner bei der Cellulitebehandlung. Er unterstützt die Tätigkeit des Bindegewebes und fördert den Abtransport von Schlacken.

Neben den Kräuter-Tees zur Entschlackung von innen, empfehle ich Ihnen, Spezial-Produkte für die äußerliche Pflege der betroffenen Hautpartien anzuwenden:

Haut gründlich mit Spezial-Kräuter-Seife reinigen. Dann Spezial-Kräuter-Creme mit Efeu-, Schachtelhalm- und Birkenextrakt einmassieren. Sehr zu empfehlen ist auch eine 4-wöchige Kur mit einem Spezial-Kräuter-Bad, das in Form von Hand- und Fußbädern angewendet wird.

Gönnen Sie sich in regelmäßigen Abständen eine Cellulite-Behandlung bei der Kosmetikerin. Die geschulte Fachfrau führt eine lymphaktivierende Ausstreichung durch, bevor die Spezial-Kräuter-Creme durchblutend einmassiert wird.

Diese Institut-Behandlung, in Verbindung mit einer regelmäßigen täglichen Pflege zu Hause, einer vernünftigen Ernährung und Entschlackung mittels Tee und Hand- und Fußbädern, die nach dem Osmose-Prinzip wirken, verspricht sichtbaren Erfolg.

Couperose/Teleangiektasien

Unter Teleangiektasien versteht man die Erweiterung der Blutendgefäße, die als rötlich-blaue Gefäßästchen sichtbar sind. Meist sind Wangen und Nasenflügel davon betroffen. Bei Frauen können Teleangiektasien auch an den Oberschenkeln auftreten. Wenn mehrere Teleangiektasien im Gesamtverband auftreten, spricht man von Couperose.

Ursache ist eine Bindegewebsschwäche. Durch Blutstauungen treten die Kapillaren verstärkt an die Oberfläche der Haut und werden sichtbar. Witterungseinflüsse, vor allem Kälte, bewirken eine Verschlechterung der Couperose.

Die Kosmetikerin kann die Äderchen durch vorsichtiges Veröden beseitigen.

Es gibt eine Vielzahl von Kräuter-Rezepturen, die bei regelmäßiger Anwendung Linderung bringen.

* Der Couperose kann man entgegenwirken durch den regelmäßigen Genuß von **Basilikum-**Tee-Aufguß und Kompressen mit diesem Aufguß auf die betroffenen Hautpartien.
* Wegen ihrer beruhigenden Wirkung auf das Nervensystem lassen sich **Erdbeerblätter** hervorragend gegen Couperose und Teleangiektasien einsetzen. Trinken Sie dazu täglich 2 – 3 Tassen Erdbeerblätter-Aufguß und legen Sie einmal täglich Kompressen mit diesem Tee auf.
* Innerlich und äußerlich angewendet, hilft auch ein Tee-Aufguß mit **Heidekrautblüten.**
* Durch den regelmäßigen Genuß von **Schafgarbe**tee normalisiert sich die Blutzirkulation in den kleinsten Haargefäßen. Dadurch verblassen die Äderchen. Unterstützt wird die Wirkung durch das Auflegen von Kompressen, die in dem Teeaufguß getränkt wurden.
* **Silberweide** wirkt durch ihren Salicylsäuregehalt auf das Kreislaufsystem der Haargefäße und findet deshalb besondere Verwendung bei der Behandlung von Couperose und Teleangiektasien. Blutstauungen in den Kapillargefäßen verblassen und das Bild einer gleichmäßig durchbluteten Haut wird wieder hergestellt. Die Anwendung erfolgt innerlich in Form von Tee und äußerlich in Form von Kompressen.
* Ein Aufguß mit **Steinsame** und **Malvenblüten,** innerlich und äußerlich angewendet, hilft gegen Couperose und Teleangiektasien.

* Durch die Herstellung des physiologischen Gleichgewichtes von Blut und Lymphe, wirkt der regelmäßige Genuß eines Aufgusses mit **Wiesenkönigin** normalisierend bei Couperose und Teleangiektasien.
* Zur Verbesserung der Couperose eignen sich auch Kompressen mit **Minze-Aufguß.**
* Die verkrampften Gefäße der Teleangiektasien entleeren sich durch die entkrampfende Wirkung des **Anis** und verblassen bei regelmäßiger Anwendung von Teeaufguß und Kompressen allmählich.
* Die Blutfülle in den Teleangiektasien verbessert sich merklich durch **Melisse.** Trinken Sie dazu jeden Abend einen Aufguß mit 1 – 2 Prisen Melisse auf eine Tasse kochendes Wasser. Ein Teil des Aufgusses kann in Form von Kompressen auf die betroffenen Stellen aufgelegt werden.
* **Enzianwurzel** verbessert die Teleangiektasien und reduziert den Blutandrang. Die Anwendung des Absudes erfolgt innerlich und äußerlich.
* Besonders zu empfehlen sind lauwarme Kompressen mit **Lindenblütentee.**

Zur kosmetischen Pflege empfehlen sich Produkte, welche Extrakte aus Johanniskraut, Schachtelhalm, Salbei oder Lindenblüten enthalten. Zur Reinigung kann eine Reinigungsmilch mit Rosenextrakt und ein mildes Gesichtswasser ohne Alkohol verwendet werden. Die von Couperose befallenen Stellen sind auch dankbar, wenn der Pflege-Creme einmal pro Woche etwas Gelee Royal beigemischt wird. Sesam-Weizenkeimöl-Ampullen im Wechsel mit schwarzen Johannisbeerampullen zur Intensivpflege runden das Programm ab.

Doppelkinn

Die Entstehung eines Doppelkinns wird durch Schlackenbildung begünstigt. Zur Vorbeugung sollte man darauf achten, daß man sein Normalgewicht nicht zu sehr überschreitet.

* Zur Wiederherstellung der Kontur im Kinnbereich eignet sich eine Entschlackungskur mit Hilfe einer Abkochung aus **Kirschenstielen** und **Queckenwurzeln.**
* Zur Behandlung von außen empfehle ich Ihnen die regelmäßige Anwendung einer Spezial-Kräuter-Creme mit Kräuter-Extrakten wie Efeu, Schachtelhalm, Arnika und Birke. Die Creme 1 mal täglich im Kinnbereich leicht einmassieren, nachdem die Haut vorher gut gereinigt wurde.

Sehr hilfreich ist eine Spezialbehandlung, welche in den Kosmetik-Instituten in Fom von Hals-Packungen mit Unterstützung von Thermo-Kompressen durchgeführt wird.

Fältchen und Falten

Falten sind eine natürliche Alterserscheinung und sollten auch als solche akzeptiert werden. Sie beruhen darauf, daß die Haut mit zunehmendem Alter an Spannkraft verliert, die elastischen Fasern erstarren und die Muskeln faserig werden. Die mimischen Falten, wie z.B. Lachfältchen oder Krähenfüße um die Augen, sind anfangs bei entspanntem Gesicht nicht wahrzunehmen. Mit zunehmendem Alter werden sie jedoch tiefer und bleiben schließlich ständig sichtbar. Durch gesunde Lebensweise und intensive Pflege kann der natürliche Alterungsprozeß der Haut - und somit das Sichtbarwerden der Falten - hinausgezögert werden.

Der Lebenswandel und die Ernährung sind in großem Maße dafür verantwortlich, ob Falten frühzeitig oder erst im höheren Lebensalter auftreten. Zu wenig Bewegung, Mangel an frischer Luft, wenig Schlaf, ständige Überanstrengung, zuviel Alkohol und Zigaretten, sowie ausgiebige Sonnenbäder begünstigen die Faltenbildung. Deshalb mein Rat: Versuchen Sie, ein ruhiges und ausgeglichenes Leben zu führen, verzichten Sie weitgehend auf Genußgifte und achten Sie auf eine gesunde Ernährung. Wichtig ist auch, daß Sie viel Flüssigkeit zu sich nehmen, am besten in Form von Mineralwasser, Kräutertees und frischen Früchten, damit der Haut von innen Feuchtigkeit zugeführt wird. Von außen wird die Haut mit guten Pflegeprodukten (Cremes, Öle, Masken, Ampullen etc. mit Kräuterextrakten und natürlichen Inhaltsstoffen) versorgt.

Auch Kräuter können zur Verzögerung der Faltenbildung mit eingesetzt werden:

* Durch natürlich vorkommende Phytohormone stabilisiert **Salbei** den Hormonhaushalt und beugt frühzeitiger Faltenbildung vor, z.B. Halsfalten, Mund- und Augenfältchen. Dabei wird Salbei innerlich als Tee-Aufguß und äußerlich in Form von Kompressen eingesetzt.
* Extreme Faltenbildung kann durch die äußerliche und innere Anwendung von **Schafgarbe** günstig beeinflußt werden.
* Hilfreich bei Falten sind auch Kompressen und Bäder mit **Bohnenkraut.**
* Ein klassisches Rezept zur Verzögerung der Fältchenbildung ist die innere und äußerliche Anwendung eines Aufgusses mit 4 Prisen **Lindenblüten** auf 1 l Wasser.

Durch eine sorgfältige kosmetische Pflege wird die Faltenbildung verzögert und die Haut bleibt länger jugendlich glatt. Neben den üblichen Pflegeprodukten (Reinigungsmilch, Gesichtswasser, Tages- und Nachtcreme, Masken und Ampullen) empfehle ich Ihnen die Anwendung eines guten Gesichtsöls mit den hochwertigen Fettsäuren "gamma- und alpha-Linolensäure", z.B. IRIONE-Schönheits-Öl oder einer Pflegecreme, welche diese hochwertigen Fettsäuren enthält, z.B. IRIONE-Pflegecreme.

Fette Haut (Seborrhöe oleosa)

Dieses Hautproblem ist bedingt durch eine Funktionsstörung der Talgdrüsen. Bei der Seborrhoe oleosa (ölige Form) fließt der Talg ab, wird aber sehr leicht ranzig, was einen unangenehmen Geruch verursachen kann. Wichtig bei der Pflege der Seborrhöe oleosa ist, daß die Talgausführungsgänge frei bleiben, um einen ungehinderten Abfluß des Talges zu gewährleisten. Außerdem ist auf gründliche, aber schonende Reinigung zu achten. Die Pflege der Seborrhöe oleosa erfolgt mit leichten Emulsionen, die das überschüssige Fett binden können (mattierender Effekt). Eine Verstopfung der Talgausführungsgänge (im Sprachgebrauch: Poren) führt über den Weg einer Verstopfung zu einem Sekretstau, der sich sehr leicht entzündet. Die Folge ist Pickelbildung.

Als Pflegeprodukte empfehle ich Ihnen eine milde Kräuter-Reinigungsmilch, Kampfer-Gesichtswasser, eine Tagescreme für fette Haut oder Neutralisierungsmilch und für die Nachtpflege eine Regenerationscreme. Zur Intensivpflege eignen sich Erdbeerampullen oder eine Maske mit Kräutern oder Blütenwachsen.

* Die Fehlfunktion der Talgdrüsen wird reguliert durch die innere und äußere Anwendung von **Anis.** Zerquetschen Sie dazu die Anisfrüchte kurz vor dem Anbrühen, damit er seine Wirkstoffe voll entfalten kann. Trinken Sie 2 – 3 Tassen täglich von diesem Aufguß und bereiten Sie so oft wie möglich Kompressen damit, die Sie auf die betroffenen Hautpartien auflegen.
* Eine Abkochung mit **Lindensplint,** 2 – 3 mal täglich getrunken, gleicht die Talgproduktion aus und verfeinert das Hautbild.
* Kompressen mit einem Kaltauszug aus **Schwarzem Tee** verengen bei der seborrhöeischen, fetten Haut die Poren.
* Gute Erfolge lassen sich bei fetter Haut auch durch die innere und äußerliche Anwendung eines Aufgusses mit **Heidekraut** erzielen.
* Fette, unreine Haut ist dankbar für Kompressen mit einer Abkochung aus **Kirschenstielen,** der man nach dem Kochen **Thymian, Lavendel** und **Orangenknospen** zugibt und mitziehen läßt.
* Eine Verbesserung des Hautbildes bei Seborrhöe oleosa erreicht man durch den regelmäßigen Einsatz von Kompressen mit **Ysop.**
* Nervöse, seborrhöeische Haut reagiert mit positiver Veränderung auf den regelmäßigen Genuß von **Melissen**-Tee. Melisse stärkt die

Tätigkeit des Nervensystems und steigert die Leistungsfähigkeit der Nervenzellen.

* Die fette, talgdrüsengestörte Haut erfährt auch eine wesentliche Besserung durch die **milde Minze.** Dabei wird der Minze-Aufguß äußerlich in Form von Kompressen eingesetzt.
* Gegen fette Haut lassen sich auch **Rosenknospen** sehr gut einsetzen. Sie werden innerlich – als Beigabe zu Ihrem Schönheitstee – und äußerlich in Form von Kompressen oder als Gesichtsdampfbad angewendet.
* Bei großporiger Haut empfiehlt sich die innerliche und äußerliche Anwendung von **Erdbeerblätter**tee, der porenverengend und adstringierend wirkt.

Haarpflege

Die Haare als natürlicher Kopfschmuck haben einen hohen Anteil am äußeren Erscheinungsbild eines Menschen. Wichtig für die Schönheit ist deshalb neben einem guten Haarschnitt die Pflege, damit das Haar einen seidigen Glanz bekommt. Unappetitlich wirken fettige Haare, die strähnig herunterhängen oder Schuppen.

Falsche Ernährung, Hormonstörungen oder Umwelteinflüsse sind oft die Ursache für Probleme wie fettige Haare, Schuppen oder trockene Haare. Haarausfall kann in Einzelfällen auch durch diese Faktoren ausgelöst werden, ist jedoch meistens erblich bedingt, vor allem bei Männern.

Damit Ihr Haar positiv zu Ihrem Erscheinungsbild beiträgt, sollten Sie der Pflege die nötige Aufmerksamkeit widmen. Verwenden Sie für die Haarwäsche ein mildes Shampoo mit Kräuterextrakten, das auf Ihren Haartyp abgestimmt ist. Eine wertvolle Ergänzung der Pflege sind Spülungen mit Kräutern. Nachfolgend einige Rezepturen:

* Zur Förderung des Haarwuchses und bei fettigen Haaren helfen Kopfmassagen mit **Thymian-**Aufguß.
* Ein konzentrierter **Salbei**aufguß (1 Handvoll auf 1 Liter Wasser) eignet sich gut zum Massieren der Kopfhaut und wirkt gegen verfrühten Haarausfall, fettige Haare und Schuppen.
* Ein gutes Kräftigungsmittel für die Kopfhaut, das auch dem Haarausfall entgegenwirkt, ist ein konzentrierter Absud mit **Quendel.** Dazu das Haar nach dem Waschen mit dem Absud zum Schluß spülen. Nicht mehr nachspülen.
* Zum Aufhellen von blonden Haaren brauchen Sie nicht zu chemischen Mitteln zu greifen. Benutzen Sie für die letzte Spülung nach der Haarwäsche einen gefilterten Aufguß mit **römischer Kamille.**
* Zur besonderen Pflege bei Schuppen und trockener Kopfhaut sind Massagen mit **Lavendelöl** zu empfehlen. Dazu eine Handvoll **Lavendelblüten** in 1 Liter gutem Öl 2 Stunden im Wasserbad erwärmen und ziehen lassen. Dann abseihen. Das Öl vor der Haarwäsche auftragen und 1-2 Stunden einwirken lassen.

Hals- und Dekolletépflege

Die zarte Haut an Hals und Dekolleté ist sehr empfindlich und anfällig für Fältchen. Deshalb benötigt sie eine besonders intensive Pflege.

Auch hier können Sie auf die Schätze der Natur zurückgreifen:

* *Von innen* wird die Hals- und Dekolletépflege unterstützt durch den Genuß von täglich 2 Tassen Teeaufguß mit **Thymian, Fenchel** und **Salbei** *oder* **Kamille, Basilikum** und **Kerbel.**
* *Äußerlich* angewandt sorgen Kompressen mit folgenden Kräutern für die optimale Pflege dieser empfindlichen Hautpartien:

  Rosmarin und **Bohnenkraut** in Kombination mit **Kamille**

  oder

  Minze und **Eisenkraut** zusammen mit **Eschenblättern.**

Bei der täglichen Pflege dürfen Hals und Dekolleté nicht vergessen werden:

Täglich gründlich reinigen mit Reinigungsmilch und einem milden Gesichtswasser ohne Alkohol, dann eine spezielle Creme für Hals und Dekolleté (z.B. mit Blütenwachsen) einmassieren. Auch bei der regelmäßigen Anwendung von Peeling, Masken und Ampullen dürfen Hals und Dekolleté nicht vergessen werden.

Hautanomalien

Hautanomalien sind oftmals durch Funktionsstörungen von Leber und Galle bedingt. Sie äußern sich z.B. in Form von Chloasma, Xanthelasma, Naevus aranaeus oder Blutschwämmchen.

Unter **Chloasma** versteht man eine Überpigmentierung, die ähnlich wie Sommersprossen in Erscheinung tritt. Die braunen Flecken treten bei Frauen oft in der Schwangerschaft oder während der Wechseljahre auf. Im Alter findet man Chloasma bei Männern und Frauen meist im Gesicht, sowie an den Händen. Man bezeichnet sie dann als Altersflecken.

Xanthelasma sind gelbliche, flächenhafte gutartige Neubildungen der Haut, bedingt durch Stoffwechselstörungen.

Zu den **Naevi** zählen Muttermale, Leberflecke und kleine Geschwulste, die am ganzen Körper auftreten können. Als Naevus aranaeus bezeichnet man das Spinnenmal. Auf jeden Fall muß ein Hautarzt aufgesucht werden, der entscheiden kann, ob die Geschwulste gutartig oder bösartig sind.

Narbenwucherungen (Keloide) sind anlagebedingte Wucherungen, die bei manchen Menschen nach Impfungen, Operationen und Verletzungen auftreten. Auch hier sollte der Hautarzt zu Rate gezogen werden.

Es wäre vermessen, zu behaupten, die oben genannten Störungen des Hautbildes könnten durch Kräuter behoben werden. Bitte befragen Sie Ihren Hautarzt, was in Ihrem Fall unternommen werden kann. Trotzdem möchte ich Ihnen Rezepturen mit auf den Weg geben, die unterstützend wirken können:

* **Lorbeer** hat eine kräftigende und unterstützende Funktion auf das Stoffwechselgeschehen und kann deshalb bei daraus resultierenden Hautanomalien mit eingesetzt werden.
* Hautanomalien, die durch Zuckerstoffwechselstörungen auftreten, wie z.B. Blutschwämmchen, werden durch die innere Anwendung von **Süßholzwurzel** günstig beeinflußt.
* Der regelmäßige Genuß von **Kerbel-**Teeaufguß bringt in manchen Fällen eine Besserung bei Spinnenmal und Blutschwamm.
* Durch eine Abkochung aus **Lindensplint** (2 – 3 Tassen täglich) werden Leber und Galle in ihrer Tätigkeit unterstützt und Hautanomalien wie Chloasma, Xanthelasma und Spinnenmal sind vorbeugend gut zu behandeln. Zur Geschmacksverfeinerung können **Wildorangenknospen, Rosenblüten, Minze** oder **Citronelle** beigegeben werden.

Hautbild

Es gibt einige grundsätzliche Faktoren, die sich auf das gesamte Erscheinungsbild der Haut positiv bzw. negativ auswirken. Ein frisches, gesundes Aussehen der Haut ist ein wichtiges Element für die Schönheit.

Ausreichend Schlaf, gesunde Ernährung und viel Bewegung an frischer Luft sind die beste Garantie für eine schöne, gesunde Haut.

Ungünstige Auswirkungen auf den Teint entstehen durch Schlafmangel, Genuß von Alkohol und Nikotin, Bewegungsmangel und falsche Ernährung. Durch eine gesunde Lebensweise läßt sich also ein wertvoller Grundstein für natürliche Schönheit legen.

Zur Unterstützung der natürlichen Schönheit bietet der Garten der Natur eine Vielfalt an Kräutern, die der Haut zu einem strahlenden frischen Aussehen verhelfen.

* Durch einen Teeaufguß mit **Anis** wird der *Zellstoffwechsel* gefördert, der *Abtransport von Schlackenstoffen* ist besser gewährleistet und das Blut- und Lymphsystem kräftigt sich. Die mild anregende Wirkung auf die Verdauungsorgane, speziell Leber, Galle und Darm sorgt für eine Entstauung der Pfortader. Das Lymphsystem wird von Giftstoffen befreit und die Haut erhält ein klares und gleichmäßig durchblutetes Aussehen.
* Bei *Schlafstörungen* empfiehlt es sich, abends einen Tee-Aufguß mit je einer Prise **Basilikum, Majoran** und **Lavendel** auf 1 Tasse kochendes Wasser zu trinken. Wenn Sie gut geschlafen haben, dann sieht auch Ihre Haut am Morgen viel frischer und besser aus.
* **Eisenkraut** *unterstützt den interzellulären Stoffwechsel.* Dadurch erhalten die Zellorganellen wieder lebensnotwendige Substanzen wie Sauerstoff, Nährstoffe und Mineralien. Der Säureschutzmantel der Haut stabilisiert sich von innen und das Aussehen der Haut verändert sich merklich positiv. Trinken Sie 2 – 3 mal täglich einen Aufguß mit Eisenkraut, das sich auch sehr gut mit anderen Kräutern mischen läßt. Zusätzlich können Sie den Eisenkraut-Aufguß auch in Form von Lotion oder Kompresse anwenden.
* Zur *Stärkung der Epidermis,* vor allem im Hals- und Dekolletébereich legt man täglich Kompressen auf, die in einem Absud aus **Minze, Eisenkraut** und **Eschenblättern** getränkt wurden.
* *Fahle, graue Gesichtshaut* mit eingefallenen Schläfen erfährt eine sichtbare Besserung durch die innere und äußere Anwendung von **Fenchel.** Zerdrücken Sie für den Teeaufguß die Fenchelkörner

vorher mit einer Gabel, damit die Wirkstoffe besser ins Wasser übergehen können. Bereiten Sie gleich etwas mehr Tee zu als Sie trinken und verwenden Sie den Rest für Kompressen.

* *Schlecht durchblutete, fahle Haut* erscheint wieder rosig nach einer Trink-Kur mit **Gänseblümchen, Minze** und **Wildorangenknospen.** Dazu überbrühen Sie je 1 Prise der Kräuter mit einer Tasse kochenden Wassers und lassen den Tee 4 Minuten ziehen.
* **Kerbel** hat einen hohen Gehalt an verwertbarem Eisen und regt dadurch den *interzellulären Stoffwechsel* an. Gleichzeitig wird der Sauerstoffaustausch gefördert. Die Durchblutung der Kapillargefäße verbessert sich deutlich und die Haut erhält ein frisches, rosiges Aussehen.
* Eine *bessere Hautqualität bezüglich Fleckenbildung,* ungleichmäßiger Durchblutung etc. erzielt man durch das Trinken von Melissentee. **Melisse** hat eine ausgleichende Wirkung auf Herz und Verdauungssystem.
* Ist die Haut infolge von Bluthochdruck *stark gerötet,* dann sollten Sie täglich 2 – 3 Tassen Teeaufguß mit 2 Prisen **Olivenblättern** auf eine Tasse Wasser trinken.
* **Enzianwurzel** *verfeinert die Poren* durch *Kräftigung des Bindegewebes.* Bereiten sie dazu Kompressen mit einem Absud aus Enzianwurzeln.
* **Kirschenstiele** haben eine regenerierende Wirkung auf das Blutgefäßsystem, *verbessern die Hautdurchblutung* und lassen Rötungen verblassen. Trinken Sie bei geröteter Haut regelmäßig eine Abkochung mit Kirschenstielen.
* Kompressen mit einem Kaltwasserauszug aus **Majoran** *stärken die Epidermis* (Oberhaut).
* Ein Aufguß mit **Quendel** hilft bei der Regeneration der Darmflora. Dadurch reguliert sich automatisch die Beschaffenheit des Hautsäureschutzmantels.
* Bei *Hautreizungen* kann Abhilfe mit **Minze-**Kompressen geschaffen werden.
* Äußerlich als Kompresse aufgelegt, reguliert **Rosmarin** den *Säureschutzmantel* der Haut und wirkt der trockenen Seborrhöe entgegen.
* Bei Haut, die zu *leichten Rötungen* neigt, können Kompressen mit einer Abkochung aus **Lindensplint** und **Thymian** aufgelegt werden.

* Ein Aufguß mit **Ysop** bewirkt eine *Verbesserung des Hautbildes,* da die leicht harntreibende Wirkung dieses Krautes die Stoffwechselfunktion der Haut unterstützt und Fehlfunktionen vorbeugt. Kompressen mit Ysop-Aufguß lindern Rötungen und wirken kräftigend bei dünner Haut.
* *Rote Flecken,* die *nervlich bedingt* sind, verschwinden durch den Genuß von täglich 3 Tassen Aufguß mit **Erdbeerblättern.** Ebenso wirkt der Aufguß, äußerlich angewendet, *porenverengend* und *adstringierend.*

Lymphe

Das Funktionieren des Lymphflusses ist sehr wichtig für Gesundheit und Wohlbefinden.

Lymphstauungen ziehen eine Vielzahl von kosmetischen Störungen nach sich, z.B. erweiterte Äderchen, Cellulite, Pölsterchen etc.

Es gibt einige Kräuter, die auf die Lymphe anregend wirken:

* **Wiesenkönigin** wirkt direkt auf das Lymphsystem und regt die Tätigkeit der Lymphdrüsen an. Dadurch wird die Ausscheidung von Gift- und Schlackenstoffen im Bindegewebe gefördert. Dies bewirkt z.B. eine Besserung des Hautbildes bei Cellulite.
* Lymphstauungen führen zu einer Bindegewebsverschlackung, die so schlimme Folgen wie z.B. erweiterte Äderchen, Cellulite oder Pölsterchen haben können. Diesen durch die Lymphe bedingten kosmetischen Anomalien kann man mit Hilfe von **Kirschenstielen** vorbeugen. Dazu täglich zweimal eine Abkochung mit Kirschenstielen trinken.
* **Bohnenkraut** besitzt eine lymphaktivierende Wirkung, die sich in Kombination mit **Kamille** verstärkt. Die Anwendung erfolgt dabei innerlich und äußerlich.
* Ebenfalls förderlich für die Tätigkeit des Lymphsystems wirkt ein Aufguß mit den Blättern der **Erdbeere.** Trinken Sie dazu dreimal täglich eine Tasse.
* Durch den Genuß von **Thymian-**Aufguß wird das physiologische Gleichgewicht zwischen Blut und Lymphe wieder hergestellt. Die Sauerstoffzufuhr in den kleinsten Haargefäßen reguliert sich.

Milien

Der Begriff "Milien" ist besser unter dem Namen "Hautgries" bekannt. Es handelt sich dabei um kleine Knötchen, die in der Oberhaut eingelagert sind. Die harten, gelblich-weißen Knötchen sind nicht entzündlich und treten mit Vorliebe an Wangen, Schläfen, Augenpartie und Genitalien auf. Eine erfahrene Kosmetikerin wird die Milien rasch und schmerzlos entfernen.

* Innerlich angewendet, beugt **Heidekraut** der Bildung von Grieskörnern vor. Trinken Sie dazu täglich 2 – 3 Tassen eines Aufgusses mit 2 Prisen Heidekrautblüten auf eine Tasse kochendes Wasser.

Mischhaut

Wenn die Haut im inneren Bereich des Gesichts fettig glänzend ist und im äußeren Bereich zu Trockenheit neigt, dann wird meistens von der sogenannten "Mischhaut" gesprochen. Streng genommen handelt es sich bei diesem Hautbild jedoch um eine Seborrhöe sicca (Ausführungen dazu finden Sie auf Seite 162).

* Die Mischhaut wird äußerlich und innerlich desinfiziert mit Hilfe der **römischen Kamille.**
* Für Kräuter-Kompressen empfehlen sich bei Mischhaut folgende Rezepturen: Entweder ein Aufguß mit **Malve, Eisenkraut** und **Minze** *oder* mit **Anis, Eschenblättern** und **Fenchel.**
* Zur inneren Anwendung in Form von Tee eignen sich folgende Mischungen: **Basilikum, Majoran, Minze** und **Rosmarin** *oder* **Kamille, Rosenknospen** und **Wiesenkönigin.**

Zur kosmetischen Pflege empfehle ich die regelmäßige Anwendung von Reinigungsmilch und Gesichtswasser. Tagsüber eine leichte Creme oder Neutralisierungsmilch, nachts Regenerationscreme mit Salbei, Efeu und Thymian im Wechsel mit einer Schönheitscreme mit den Wirkstoffen Johanniskraut, Schachtelhalm und Salbei. Von Zeit zu Zeit eine Kur mit Sesam-Weizenkeim-Ampullen und einer Schönheitsmaske mit Blütenwachs rundet das Pflegeprogramm ab.

Mitesser (Comedonen)

Mitesser sind Verhornungen aus Talg, welche den Ausgang der Talgdrüsen verstopfen. Sichtbar werden sie auf der Haut in Form von kleinen schwarzen Punkten. Oft treten Mitesser in Begleitung von seborrhöeischer Haut auf.

Das Ausdrücken der Mitesser sollte man der Kosmetikerin oder dem Dermatologen überlassen. Wer sich selbst daran wagt, muß peinlichst auf Hygiene achten. Eine gründliche Reinigung der Haut und die Behandlung mit warmen Kompressen vor dem Ausdrücken wirken vorbeugend gegen Entzündungen, die oft Narben nach sich ziehen.

Bei Comedonen lassen sich gut Kräuter mit entzündungshemmender Wirkung einsetzen.

* Comedonen werden gelindert durch Kompressen mit einer Abkochung aus **Lindensplint,** der nach dem Kochen **Minze, Quendel** und **Thymian** beigegeben wurden.
* Zur Beseitigung von Mitessern eignet sich ebenfalls ein Aufguß mit **Quendel, Thymian, Minze** und **Erdbeerblättern.**
* Bei Comedonen finden auch **Rosenknospen** innerlich und äußerlich Anwendung.

Einer Verstopfung der Talgdrüsen kann durch die regelmäßige Pflege mit geeigneten kosmetischen Präparaten vorgebeugt werden. Meine Empfehlung: Reinigung der Haut mit Kräuterseife oder milder Kräuter-Reinigungsmilch, Nachbehandlung mit Kampfer-Gesichtswasser. Als Tagesschutz eine Creme für unreine Haut mit Extrakten aus wilden Stiefmütterchen, Klette, Schachtelhalm, Wiesenkönigin, Salbei und Thymian. Eine Regenerationscreme, über Nacht aufgetragen, wirkt normalisierend auf die Talgproduktion. Von Zeit zu Zeit eine Schönheitsmaske mit Kräutern oder Blütenwachs anwenden.

Mundgeruch

Schönheit hat sehr viel mit Ästhetik zu tun und zur Ästhetik gehört nicht nur das gute Erscheinungsbild sondern auch der durch den Geruchssinn wahrgenommene Atem.

Schlechter Atem kann den Gesamteindruck eines Menschen zunichte machen. Glatte Haut, wohlgeformte Gesichtszüge, schönes Haar etc. nützen nichts, wenn die Mitmenschen durch üblen Mundgeruch belästigt werden.

Aber schlechter Atem sollte nicht nur als Störung des ästhetischen Erscheinungsbildes betrachtet werden. Er ist das Signal für eine versteckte Krankheit. Deshalb muß immer zunächst einmal nach der Ursache geforscht werden. Schlechter Atem ist oft ein Alarmsignal, z.B. für Karies, Zahnfleisch- oder Halsentzündung, schlechte Verdauung, Leberfunktionsstörung, Infektionskrankheiten, Hormonstörungen etc.

Erst wenn die Ursache durch den Arzt oder Zahnarzt abgeklärt ist, kann man daran gehen, den Mundgeruch zu kaschieren.

* Zur Beseitigung von akutem Mundgeruch eignen sich Spülungen mit einem Aufguß aus 2 Prisen **Rosmarin** *oder* **Salbei** *oder* **Thymian** auf eine Tasse Wasser.

* Für Mundspülungen eignet sich auch ein Mundwasser mit folgenden Kräutern: 5 Prisen **Süßholzwurzeln** mit 30 cl Wasser ansetzen und ca. 5 Stunden mazerieren lassen. Einen Aufguß mit 2 Prisen **Rosenknospen,** 2 Prisen **Thymian** und 3 Prisen **milde Minze** auf ½ l kochendes Wasser zubereiten und mit dem Süßholzwurzel-Mazerat vermischen. Damit mehrmals täglich den Mund ausspülen.

* Und hier noch ein Tee, der dem Mundgeruch entgegenwirkt, wenn Sie täglich 2 Tassen davon trinken. Nehmen Sie pro Tasse 1 Prise **Enzianwurzel,** die Sie mit kaltem Wasser aufkochen und 5 Minuten kochen lassen. Mit dem Absud überbrühen Sie eine Prise **Rosmarin**, 2 Blütenköpfchen der **röm. Kamille** und 2 Prisen **Melisse.** Nach 4 Minuten abseihen.

Letztendlich ist eine regelmäßige Mundhygiene die Grundvoraussetzung für einen angenehmen Atem. Verwenden Sie dazu nach den Mahlzeiten eine gute Zahnpasta mit Kräuterextrakten (z.B. Minze-Extrakt).

Narben

Narben treten als Folge von Verletzungen, Verbrennungen, Akne oder Krankheiten (z.B. Windpocken, Operationen etc.) auf.

In schweren Fällen kann oft ein chirurgischer Eingriff helfen.

Wer Geduld mitbringt, kann in leichteren Fällen eine Linderung durch Kräuter erzielen:

* Zur Behandlung von Narben eignet sich **Schafgarbe** sehr gut, da sie einen hohen Mineralgehalt aufweist. Am besten verwendet man sie regelmäßig in Form von Kompressen. Eine hohe Eindringtiefe der Wirkstoffe erreicht man durch eine Behandlung der Kosmetikerin mit einem Bürsten- und Schleifgerät.
* Ein Absud aus **Schafgarbe** beschleunigt ebenfalls bei kleinen Hautrissen und Insektenstichen die Heilung und Vernarbung der Haut.
* Soll bei Wunden die Vernarbung gefördert werden, dann empfiehlt es sich, täglich 8 – 10 Minuten lang Kompressen mit einem abgekühlten **Eukalyptus-**Aufguß aufzulegen.
* **Melisse** beschleunigt bei Wunden die Narbenbildung und fördert die Epithelisierung.
* Die lokale Behandlung von kleineren Wunden mit **Salbei-**Kompressen wirkt desinfizierend, fördert den Heilungsprozeß und verringert die Bildung tieferer Narben, auch bei Pickeln und Pusteln.
* **Thymian** wirkt antiseptisch und vernarbungsfördernd. Dazu Kompressen auflegen, die in einem Thymianabsud getränkt wurden.
* Ein gutes Wundheilmittel ist die **Wiesenkönigin.** Kompressen mit Wiesenkönigin-Aufguß beschleunigen den Vernarbungsprozeß.
* **Ysop-**Aufguß in Form von Kompressen oder als Lotion aufgetragen, verbessert die Narbenbildung.

Eine Verbesserung des Narbengewebes erreicht man auch durch die regelmäßige Anwendung von Regenerationscreme mit Kräuter-Wirkstoffen wie Salbei, Efeu, Thymian.

Ödeme

Ödeme sind Wasseransammlungen, die in allen Bereichen des Körpers auftreten können. Besonders störend wirken sie an den Augenlidern.

* Durch seinen hohen Kaliumgehalt wirkt **Fenchel** hervorragend gegen Ödeme in allen Bereichen des Körpers (z.B. Knöchel, Augenlider).
* Ödeme, sowohl im Gesicht als auch an den Gelenken, werden durch einen Aufguß von **Rosmarin** – örtlich als Kompresse aufgetragen – wesentlich verbessert.
* Bei Gedunsenheit des Gesichts bringt eine lauwarme Kompresse mit einem Aufguß aus **Olivenblättern** sehr schnell Linderung.
* **Wacholderbeeren** fördern die Entwässerung bei Schwellungen der Unterschenkel im Zusammenhang mit Krampfadern bei Abmagerungskuren.

Pigmentstörungen

Pigmentstörungen treten auf, wenn die Melanozyten (= melaninbildende Zellen) nicht richtig funktionieren. Als Ursache kommt eine Störung des Mineralstoffhaushalts in Betracht. Altersflecken treten oft auf, wenn der Stoffwechsel gestört ist.

Aufgetretene Pigmentstörungen lassen sich oft nur schwer oder überhaupt nicht wieder beseitigen. Folgende Kräuter-Rezepturen können zur Minderung eingesezt werden. Ein Erfolg wird sich aber erst nach einer konsequenten Anwendung über einen längeren Zeitraum zeigen.

* *Überpigmentierungen* behandelt man mit Kompressen aus **Anis**absud.
* Bei *Pigmentstörungen*, mit Ausnahme von Sommersprossen, läßt sich mit Hilfe von **Citronelle** Besserung erzielen. Dieses Kraut hat eine normalisierende Wirkung auf die Melanozyten, ohne dabei zu bleichen. Man tränkt einen Wattebausch mit einem Absud von Citronelle und legt ihn als Kompresse auf.
* *Chloasma* (= gelblich-braune Hautpigmentierungen) sind vorbeugend gut durch den regelmäßigen Genuß von **Lindensplint** zu behandeln, da die Gallen- und Lebertätigkeit unterstützt wird.
* *Senile Altersflecken* erfahren eine wohltuende und sanfte Verbesserung durch Kompressen mit **Malve**-Aufguß.

Reibeisenhaut

Rauhe Haut an Oberarmen, Ellbogen, Knien und Oberschenkeln, die wie Gänsehaut aussieht, ist häßlich anzusehen.

Abhilfe schafft man durch Peeling, Bürstenmassagen, Abfrottieren und das anschließende Einmassieren einer fetthaltigen Creme oder Körpermilch.

Da die Reibeisenhaut durch die Verkrampfung der Wirbelsäulenmuskulatur entsteht, sollte regelmäßig eine Revitalisierungscreme mit Kräuter-Wirkstoffen wie Wacholder und Schafgarbe entlang der Wirbelsäule aufgetragen werden. Dadurch wird die Durchblutung gefördert und der Entstehung von Reibeisenhaut entgegengewirkt.

* Der Entstehung von Reibeisenhaut kann durch eine Stabilisierung des vegetativen Nervensystems vorgebeugt werden. Diese Stabilisierung erreicht man durch den regelmäßigen Genuß von **Basilikum-**Tee.
* **Wildorangenknospen** machen trockene Haut geschmeidig und verzögern die Bildung der unangenehmen Reibeisenhaut. Die Anwendung erfolgt in Form von Tee-Aufguß und Kompressen.

Reife Haut (atrophische Haut)

Die reife Haut ist meist anspruchsvoller als junge Haut und benötigt deshalb eine besonders intensive Pflege. Oft ist im fortgeschrittenen Alter das Bindegewebe geschwächt und die ersten Fältchen sind nicht mehr zu übersehen. Doch dies ist kein Grund zum Verzweifeln. Die moderne Kosmetik-Forschung bietet einige Möglichkeiten, um den Alterungsprozeß der Haut zu verzögern. So wurde z.B. entdeckt, daß Sisymbrium Irio, eine indische Raukenart und das Küchenkraut Borretsch einen hohen Anteil an den beiden hochwertigen essentiellen Fettsäuren Gamma- und Alpha-Linolensäure enthalten. Die IRIONE-Produkte (Schönheitsöl, Creme und Seife) enthalten diese wertvollen Öle von Sisymbrium und Borretsch und eignen sich sehr gut zur Pflege der reifen Haut. Als Ergänzung zu dieser Serie bieten sich diverse Kräuter- und Blütenwachs-Produkte an.

* Durch die innere und äußerliche Anwendung der **römischen Kamille** wird die Epidermis der atrophischen Haut gekräftigt, Tonus und Turgor werden gefestigt. Durch ihre lymphaktivierende Wirkung setzt man die römische Kamille bei allen Formen eines geschwächten Bindegewebes ein, wie z.B. Halsfalten, Atrophie des Dekolletés und Hängewangen. Sehr gut für die Lymphaktivierung ist auch die innerliche und äußerliche Anwendung von **Bohnenkraut** in Kombination mit römischer Kamille.

* Wohltuend für die reife Haut sind Kompressen mit einem Absud aus **Kirschenstielen, Queckenwurzeln** und **Rosenknospen.**

* **Lindenblüten**tee – innerlich und in Form von Kompressen – wirkt der Bildung von Altersfalten und der Bindegewebsschwäche entgegen.

* Welk gewordene Haut gewinnt durch **Rosmarin,** innerlich und äußerlich angewandt, ihre Spannkraft zurück.

* Bei reifer Haut mit gequollenen Tränensäcken muß der Lymphstauung entgegengewirkt werden. Legen sie dazu Kompressen mit **Bohnenkraut** auf den Bereich der großen Lymphgefäße (am Hals zwischen Ohr und Schlüsselbeingrube) und im äußeren Bereich des Gesichts.

* Durch Hormonschwankungen in den Wechseljahren nachlassender Tonus und Turgor, trockene Haut oder extreme Faltenbildung können sehr gut durch den regelmäßigen Genuß von **Schafgarbe**tee positiv beeinflußt werden. Die Schafgarbe enthält, ähnlich wie der

Salbei, Phytohormone, die zusätzlich zur ärztlichen Therapie Verwendung finden.

* Bei der empfindlichen und erschlafften Haut erhöht sich die Spannkraft durch Kompressen mit **schwarzem Tee.**
* **Steinsame** ist durch seinen hohen Gehalt an Kieselsäure wichtig für den Aufbau und die Erhaltung eines gesunden Bindegewebes. Der regelmäßige Gebrauch von **Steinsame,** in einer Mischung zusammen mit **Minze** und **Schafgarbe** in Form von Kompressen, erhält die Elastizität der Haut.
* Ist die Haut welk und schlaff, dann kann man sie mit Kompressen mit Aufguß aus **Thymian, Lavendel** und **Rosmarin** wieder aufmuntern.
* Bei reifer Haut läßt sich die **milde Minze** gut einsetzen. Sie stärkt die endogene und exogene Funktion der Drüsen.

Rosacea

Die Rosacea wird auch Akne rosacea genannt. Meistens sind Menschen mittleren Alters davon betroffen. Sie tritt nur im Gesicht auf und äußert sich durch fleckige Rötungen, überwiegend im Nasen- und Wangenbereich. In schweren Fällen können auch blaurote Knötchen, Teleangiektasien und Wucherungen des Bindegewebes auftreten. Als Ursache kommen hier Hormonstörungen (auch durch die Wechseljahre bedingt) in Betracht. Rosacea tritt mit Vorliebe auf, wenn eine Neigung zu seborrhöeischer Haut besteht. Genußgifte und Erkrankungen im Magen-, Darm- und Leberbereich begünstigen die Entstehung von Rosacea. Bei Rosacea ist auf jeden Fall eine ärztliche Behandlung notwendig, damit keine dauerhaften Schäden auf der Haut zurückbleiben.

* Zur Linderung der Rosacea empfiehlt es sich, morgens und abends eine Abkochung aus **Anis**früchten als Gesichtswasser aufzutragen. Sollte als Folge der Rosacea eine Knollennase (Rhinophym) auftreten, dann empfiehlt es sich, täglich 2 – 3 mal Kompressen mit Anisabsud aufzulegen.
* Eine Besserung bei Rosacea erzielt man in manchen Fällen durch das regelmäßige Trinken von **Kerbel-**Aufguß.
* Auch ein Aufguß mit **Heidekrautblüten** hilft bei innerlicher und äußerlicher Anwendung gegen Rosacea.
* Zur Behandlung der Rosacea kann man auch sehr gut eine Abkochung mit **Löwenzahnwurzel** und **Anis** in Form von Kompressen einsetzen.
* Der regelmäßige Genuß eines Aufgusses mit **Quendel** und **Anis** unterstützt die Leberfunktion und wirkt dadurch dem damit verbundenen Auftreten von Rosacea entgegen. Dasselbe gilt für **Rosmarin.**

Schweißabsonderung *(Hyperhidrosis)*

Auch eine hohe Schweißabsonderung, die zudem oft noch übelriechend ist, stellt ein kosmetisches Problem dar. Sie tritt besonders in den Achselhöhlen, an Stirn und Nase, sowie an Fußsohlen und Handinnenflächen auf, da sich dort vermehrt Schweißdrüsen befinden.

Häufig auftretende Schweißausbrüche sind ein Grund, einen Arzt aufzusuchen. Viele Frauen leiden während der Wechseljahre an diesem Symptom.

* **Salbei** ist bekannt als Mittel zur Regulierung der Schweißbildung sowohl an Händen und Füßen als auch unter den Achseln. Man verwendet ihn hier in Form von Teilbädern bzw. als Kompresse.

Um dem lästigen Schweißgeruch vorzubeugen, verwendet man ein gutes Deodorant mit Pflanzenextrakten. Verwenden Sie der Umwelt zuliebe bitte keine Spraydosen mit Treibgas. Pumpzerstäuber sind ebensogut zur Desodorierung geeignet.

Seborrhöe

Eine Seborrhöe ist genetisch bedingt, also angeboren. Das Grundproblem der Seborrhöe ist die Talgdrüsenüberfunktion mit einem qualitativ minderwertigen Talg. Körperstellen, an denen sich die großen Talgdrüsen befinden, sind: Gesicht, Schultern, Rücken und Dekolleté.

Je nach Konsistenz des Talges unterscheidet man zwischen Seborrhöe oleosa (sh. Fette Haut, Seite 141) und Seborrhöe sicca.

Die Seborrhöe sicca wird gerne mit der trockenen Haut verwechselt, da es sich hier um einen zu trockenen, nicht gut fließenden Talg handelt. Charakteristisch ist vor allem in Streßsituationen ein gereiztes, äußerst empfindliches Hautbild, verbunden mit Unreinheiten.

Findet man zusätzlich Verhornungen und Schuppen, entzündet sich die Haut sehr gerne und es entstehen Pickel und Pusteln. Wichtig bei der Pflege dieser Haut ist die Zufuhr von pflegenden Emulsionen mit einem beruhigenden Kräuterzusatz, wie z.B. Malve oder Rose. Äußerst wichtig ist auch eine milde Schälkur in Form eines nicht reizenden mineralischen Peelings, um einen guten Abfluß des Talges zu erzielen.

Zusätzlich bringen die Mineralien in den unterschiedlichen Kräutern einen entspannenden Effekt (innerlich und äußerlich).

Sensible, empfindliche Haut

Empfindliche Haut benötigt eine vorsichtige Behandlung, da sie leicht zu Rötungen und anderen Reaktionen neigt. Oftmals ist sensible Haut auch sehr trocken.

Für die tägliche Pflege empfiehlt sich eine milde Reinigungsmilch mit Pflanzenextrakten und ein Gesichtswasser ohne Alkohol. Eine spezielle Tagescreme für trockene Haut gibt ihr den nötigen Schutz für den Tag. Zum Nähren der Haut empfiehlt sich eine gute Nährcreme, evtl. mit Blütenwachsen, im Wechsel mit einem guten Gesichtsöl, welches ungesättigte Fettsäuren enthält. Ampullen mit Sesam- und Weizenkeimöl oder schwarzer Johannisbeere sind wertvoll für die Regeneration sensibler Haut.

Folgende Kräuter eignen sich für die Pflege sensibler Haut:

* Bei Neigung zu Lymphstauungen sind Kompressen mit **Bohnenkraut** sehr hilfreich. Die Kompressen werden im Bereich der großen Lymphgefäße am Hals zwischen Ohr und Schlüsselbeingrube aufgelegt.
* Wer zu trockener, sensibler Haut neigt, sollte täglich einen Aufguß mit je 1 Prise **Schafgarbe, Eschenblättern** und **Rosenknospen** (auf 1 Tasse kochendes Wasser) trinken. Zusätzlich empfiehlt sich eine Behandlung von außen mit Kompressen eines Aufgusses mit **römischer Kamille, Schafgarbe** und **Malve.**
* Sensible Haut wird mit Hilfe von **Lindensplint** über den Weg der Nieren- und Lymphaktivierung zu normalen Reaktionen zurückgeführt. Bereiten Sie dazu eine Abkochung mit Lindensplint zu. Zur Geschmacksverfeinerung können Sie dem Absud nach dem Kochen noch **Wildorangenknospen, Minze** oder **Citronelle** zugeben und ca. 5 Minuten mitziehen lassen.
* **Melisse** stärkt die Tätigkeit des Nervensystems und steigert die Leistungsfähigkeit der Nervenzellen. Sensible, trockene Haut wirkt dadurch entspannter. Die Anwendung erfolgt täglich abends durch das Trinken eines Melisse-Aufgusses (1 – 2 Prisen auf eine Tasse kochendes Wasser). Den Rest des Tees verwendet man als Gesichtskompresse.
* Sensible, gerötete Haut ist dankbar für Kompressen, die in einem Aufguß mit **Malvenblüten** und **Silberweide** getränkt wurden.
* Der regelmäßige Genuß eines Tee-Aufgusses mit **Malvenblüten** hat einen ausgleichenden und harmonisierenden Einfluß auf die Darmflora

und wirkt somit positiv auf das Hautbild der funktionell gestörten, sensiblen Haut.

* Ein Absud von **Salbei**blättern erhöht die Widerstandskraft der kleinsten Kapillaren durch Kräftigung des Nervensystems und stärkt die trockene, empfindliche und zu Rötungen neigende Haut. Zur Regulierung des Kapillarkreislaufs kann Salbei in Verbindung mit **Anis, Basilikum** und **Eisenkraut** eingesetzt werden.
* Bei der empfindlichen und erschlafften Haut erhöht sich die Spannkraft durch Kompressen mit **schwarzem Tee.**
* Sensible Haut erhält mehr Widerstandskraft durch regelmäßige Kompressen mit einem Aufguß aus **Ysop**-Blättern. Dasselbe gilt für die innere und äußerliche Anwendung der **milden Minze.**

Sommersprossen

Viele Frauen empfinden die kleinen braunen Flecken als Makel. Je nach Mode sind Sommersprossen manchmal "in" und dann wieder "out". Diese durch Veranlagung bedingten, unregelmäßigen Pigmentansammlungen sollten als charakteristisches Persönlichkeitsmerkmal akzeptiert werden. Wer die Bildung von neuen Sommersprossen vermeiden möchte, sollte seine Haut nicht der Sonne aussetzen und immer Präparate mit Lichtschutzfaktor auftragen, bevor er ins Freie geht. Sonnenschutz und gleichzeitig eine hübsche Brauntönung der Haut erreicht man durch eine Sonnencreme mit Walnuß-Extrakt.

Sonnenbrand

Die Sonne ist sehr wichtig für unser Wohlbefinden. Deshalb ist auch gegen Sonnenbäder nichts einzuwenden, solange sie in einem vernünftigen Rahmen liegen. Sonnenbestrahlung wirkt anregend auf den Stoffwechsel. Dadurch wird auch das Hautbild verbessert. Außerdem gibt sonnengebräunte Haut ein gesundes, strahlendes Aussehen. Die Bräune läßt sich jedoch auch erreichen, wenn man sich im Schatten aufhält. Vor zuviel Sonneneinstrahlung muß ausdrücklich gewarnt werden, da die Haut dadurch große Schäden erleiden kann, die zum Teil nicht mehr reparabel sind.

* Bei Sonnenbrand helfen Kompressen mit einem abgekühlten Aufguß aus **Ysop, Malve** und **Schafgarbe.**
* **Lavendel** gilt als ideales Mittel bei entzündeter Haut, bedingt durch Hitze oder Sonneneinstrahlung. Dazu Kompressen mit abgekühltem Lavendel-Aufguß auflegen.
* Sonnengeschädigte Haut ist dankbar für Kompressen mit einem Aufguß oder Kaltwasserauszug aus **Malveblüten.**

Wichtig vor und nach dem Sonnenbad ist die Pflege mit geeigneten Präparaten. Schutz vor UV-Strahlen bietet eine Sonnenmilch oder eine Sonnencreme mit Lichtschutzfaktor. Eine Sonnencreme mit Walnußextrakt verleiht der Haut gleichzeitig eine zarte Tönung. Nach dem Sonnenbad wird die Haut beruhigt durch eine Körpermilch mit Wirkstoffen aus Malve, Rose und Ringelblume. Eine regelmäßige Kur mit Öl-Ampullen (z.B. Sesam-Weizenkeim-Öl) führt der Haut wichtige Nährstoffe zu und wirkt frühzeitiger Faltenbildung entgegen.

Trockene Haut

Trockene Haut ist meistens auch sehr sensibel und reagiert auf Reizungen aller Art. Nach der Reinigung spannt die Haut oftmals. Sie reagiert besonders empfindlich auf Kälteeinwirkung und Sonnenbestrahlung. Oftmals treten verstärkt in der kalten Jahreszeit Probleme auf, wenn die Haut dem ständigen Wechsel zwischen trockener Heizungsluft und kalter Außentemperatur ausgesetzt ist.

Die trockene Haut ist auf eine intensive Pflege und Feuchtigkeitszufuhr von innen und außen angewiesen. Bitte trinken Sie ausreichend Mineralwasser und Kräutertee, damit die Zellen von innen mit Flüssigkeit versorgt werden. Zur Reinigung verwenden Sie eine gute Reinigungsmilch mit Kräuterextrakten und ein mildes Gesichtswasser ohne Alkohol. Eine spezielle Tagescreme für trockene Haut schützt tagsüber vor äußeren Einflüssen. Für die Nacht empfiehlt sich eine reichhaltige Regenerations- oder Nährcreme im Wechsel mit einem Öl, das reich an essentiellen Fettsäuren ist. Zur Ergänzung der Pflege sollten Sie regelmäßig eine Maske auftragen und von Zeit zu Zeit eine Ampullenkur mit Sesam-Weizenkeimöl-Ampullen durchführen.

* Wenn Sie zu trockener, empfindlicher Haut neigen, sollten Sie täglich einen Aufguß mit je 1 Prise **Schafgarbe, Eschenblättern** und **Rosenknospen** (auf eine Tasse kochendes Wasser) trinken. Zusätzlich ist die regelmäßige Anwendung von Kompressen mit einem Absud aus Blüten der **röm. Kamille, Schafgarbe** und **Malve** zu empfehlen.

* Eine Alternative für die Behandlung trockener, empfindlicher Haut bietet ein Tee-Aufguß mit je 1 Prise **Minze, Schafgarbe,** und **Rosenknospen** auf 1 Tasse kochendes Wasser. Davon täglich 2 Tassen trinken.

* Sehr trockene Haut wird wieder geschmeidig durch Kompressen mit **Wildorangenknospen**aufguß. Außerdem verzögern diese Kompressen die Bildung der unangenehmen Reibeisenhaut.

* Trockene, sensible Haut ist dankbar für Kompressen mit **Kirschenstielen, Schafgarbe, Malve** und **Eschenblättern.** Dazu zuerst eine Abkochung mit den Kirschenstielen zubereiten und nach dem Kochen die restlichen Kräuter darin ziehen lassen.

* Ebenfalls eignen sich für trockene Haut Kompressen mit einem Aufguß aus **Thymian** und **Eisenkraut.**

* **Rosmarin** verbessert den Blutkreislauf, regt die Gallensekretion an und reguliert den Fettstoffwechsel bei trockener Haut. Nehmen Sie für einen Teeaufguß 2 Prisen Rosmarinblätter auf eine Tasse kochendes Wasser und trinken Sie davon 2 mal täglich eine Tasse.

Unreine Haut

Unreine Haut wird vor allem durch eine schlechte Verdauung verursacht. Wichtig ist deshalb eine Umstellung der Ernährung auf ballaststoffreiche Kost. Zu meiden sind auf jeden Fall Süßigkeiten, Alkohol und Zigaretten.

* Bei unreiner Haut ist eine Kur mit **Gänseblümchen** sehr wirksam. Das Gänseblümchen hat eine reinigende Wirkung auf den Darm. Es hilft, Schlacken auszuscheiden und eignet sich daher besonders für Frühjahrskuren. Trinken Sie täglich 2 – 3 Tassen Gänseblümchentee und wenden Sie gleichzeitig 1 x täglich Kompressen mit dem Tee-Aufguß an.

* Eine positive Wirkung bei unreiner Haut läßt sich durch den regelmäßigen Genuß eines Teeaufgusses mit **Kirschenstielen, Erdbeerblättern, Minze** und **Thymian** erzielen.

* Ein Absud mit **Löwenzahnwurzeln** wirkt verdauungsfördernd und läßt bei konsequenter Anwendung Hautunreinheiten in der unteren Gesichtshälfte verschwinden. Dem Absud können Sie zur Geschmacksverfeinerung **milde Minze, Wildorangenknospen** oder **Citronelle** beigeben.

* Die **milde Minze** wirkt von innen auf den Darm keimtilgend und wirkt dadurch Hautunreinheiten entgegen. Gleichzeitig wird die Behandlung von außen durch Kompressen mit dem Teeaufguß unterstützt.

* Durch Überaktivität hervorgerufene Unreinheiten, die überwiegend im Bereich des Haaransatzes auftreten, bekämpft man mit Tee aus **Wildorangenknospen** (zweimal täglich eine Tasse), den man gleichzeitig äußerlich in Form von Kompressen anwendet.

* Aufgrund seiner verdauungsfördernden und krampflösenden Eigenschaften lindert **Bohnenkraut** Nervenanspannungen und Gärungsvorgänge im Darm. Hautunreinheiten, vornehmlich in der unteren Gesichtshälfte, verschwinden bei regelmäßiger innerer und äußerlicher Anwendung in den meisten Fällen wie von selbst.

* Alle Formen von Entzündungen bei unreiner Haut werden mit **Thymian**-Kompressen gebessert. Für Kompressen ebenfalls geeignet ist eine Abkochung mit **Queckenwurzel, Fenchel** und **Malve.**

Warzen

Die verschiedenen Warzen-Arten können an allen Körperstellen auftreten, befallen jedoch am häufigsten Hände und Füße. Die meisten Warzen sind harmlos, sollten aber auf jeden Fall von einem Arzt untersucht werden, besonders wenn sie eine dunkle Farbe haben.

* Warzen an den Händen lassen sich auf folgende Art beseitigen: Die Warze zweimal täglich mit frischem Schöllkrautsaft betupfen. Die gesunde Haut um die Warze mit einem Heftpflaster schützen.

Die wichtigsten Kräuter für Ihre Schönheit auf einen Blick	Akne	Couperose	Fältchen	Fette Haut	Mischhaut	Mitesser	reife Haut	Rosacea	empfindliche Haut	trockene Haut	unreine Haut
Anis (Früchte)		◐		◐	○			◐	●		
Basilikum		◐			●				●		
Bohnenkraut			◐				◐		○		◐
Citronellkraut									●		
Eisenkraut					○				●	○	
Enzianwurzel		◐									
Erdbeerblätter		◐		◐		○					●
Eschenblätter					○				●	◐	
Eukalyptusblätter											
Fenchel					○						○
Gänseblümchen											◐
Grüner Tee											
Heidekraut	◐	◐		◐				◐			
Kamillenblüten (röm.)	◐				◐		◐		○	○	
Kerbel								●			
Kirschenstiele	●			○			○			○	●
Lavendelblüten	●			○			○				
Lindenblüten	●	○	◐				◐				
Linden-Splint				●		○			●		
Löwenzahnwurzel	●							○			●
Lorbeerblätter											
Majoran					●						
Malvenblüten	○	◐			○				◐	○	○
Melissenblätter		◐		●					◐		
Minze (mild)	●	○		○	◐	○	○		◐	●	◐
Olivenblätter											
Queckenwurzel							○				○
Quendel	◐					○		●			
Rosenknospen	◐			◐	●	◐	○		●	◐	
Rosmarin					●		◐	●		●	
Salbei	○		◐						●		
Schafgarbe	●	◐	◐				◐		◐	◐	
Schwarzer Ceylon Tee				○			○		○		
Silberweide		◐							○		
Steinsame		◐					○				
Süßholzwurzel	●										
Thymian	●			○		○	○			○	◐
Wacholderbeeren	●										
Wiesenkönigin		●			●						
Wildorangenknospen	●			○					●	○	◐
Ysop				○					○		

● innerlich ◐ innerlich und äußerlich ○ äußerlich

Kräuter im Alltag

Kräuter lassen sich vielfältig einsetzen und können gut in den täglichen Lebensrhythmus mit eingebaut werden. Sie sollten nicht erst zu Kräutertees greifen, wenn akute Gesundheitsstörungen oder Schönheitsfehler auftreten. Durch regelmäßige Kräuteranwendungen zur Vorbeugung können Gesundheit und Schönheit erhalten werden.

Kräuter zur Vorbeugung und Rehabilitation

Viele Krankheiten sind durch Mineralstoffmangel bedingt. Durch das tägliche Trinken von Kräutertee kann einem Mineralstoffmangel vorgebeugt werden, da die meisten Kräuter unterschiedliche Mineralstoffe enthalten. Um möglichst vielseitig versorgt zu werden, empfiehlt es sich, häufig die Kräutersorten zu wechseln.

Je nach Jahreszeit wird man unterschiedliche Kräutersorten auswählen. Im Sommer wird man erfrischende Teesorten, wie z.B. Citronelle, milde Minze oder Wildorangenknospen bevorzugen. In der kalten Jahreszeit, wenn Grippeviren im Umlauf sind, empfiehlt es sich, täglich 1 - 2 Tassen Lindenblütentee zur Stärkung der körpereigenen Abwehrkräfte zu trinken.

Auch zur Rehabilitation nach schweren Krankheiten leisten die Kräuter eine wertvolle Hilfe. Am besten sprechen Sie mit Ihrem Arzt oder Heilpraktiker, der Ihnen sicher die geeigneten Kräuter empfehlen kann, die Ihnen die Genesung erleichtern werden.

Narben von Operationen oder Verletzungen bilden sich schneller zurück, wenn man mehrmals täglich Kompressen mit einer Mazeration aus Schafgarbe oder Basilikum auflegt. Bei älteren Narben nimmt man dazu Kerbel oder Schafgarbe. Weitere Rezepturen finden Sie im Schönheitsteil auf Seite 154.

Kräutertee statt Genußmittel

Versuchen Sie, auf Genußmittel zu verzichten und stattdessen auf Kräutertees auszuweichen. Ihrer Kreativität sind dabei keine Grenzen gesetzt.

Wenn Sie die in diesem Buch aufgeführten Erkenntnisse über die Wirkung der einzelnen Kräuter kennen, wird es Ihnen sicher nicht schwer fallen, für jeden Zweck die passende Mischung zusammenzustellen.

Verzichten Sie z.B. zum Frühstück oder am Nachmittag auf den üblichen Kaffee und bereiten Sie sich als "Muntermacher" einen Tee aus je einer Prise Rosmarin, milder Minze und grünem Tee (3 Minuten ziehen lassen, damit die anregende Wirkung voll zur Entfaltung kommt). Oder bereiten Sie sich zur Beruhigung in hektischen Situationen einen Tee mit Melissenblättern oder Wildorangenknospen und verzichten Sie stattdessen auf die Zigarette.

Wie wäre es mit einer gemütlichen Tasse Kräutertee am Abend anstelle von Alkohol? Auch bei einer geselligen Tee-Runde kann gute Stimmung aufkommen. Sie werden schon nach kurzer Zeit feststellen, daß das Leben auch ohne die sogenannten "Genußmittel" schön ist, bzw. daß auch eine Tasse Kräutertee ein Genuß sein kann. Außerdem wirken sich die Kräutertees positiv auf Ihr gesundheitliches Wohlbefinden aus, und Gesundheit ist wiederum die Basis für Schönheit.

Kräuter als Helfer in schwierigen Situationen

Auch in Situationen, in denen Sie besonders gefordert werden oder angespannt sind, können Sie auf die Unterstützung durch Kräuter vertrauen.

So eignet sich z.B. zur Leistungssteigerung vor Prüfungen ein Teeaufguß mit Bohnenkraut, Anis, Lavendel und schwarzem Tee (einzelnes Kraut oder Mischung aus mehreren - je nach Geschmack).

Wer aus irgendeinem Grunde aufgeregt ist, wird die beruhigende Wirkung von Melissentee zu schätzen wissen.

Kräuter in der Küche

Auf Kräuter als Gewürze für Speisen wird wohl kein Gourmet verzichten wollen. Doch Kräuter bedeuten nicht nur eine geschmackliche Verfeinerung der Speisen, sondern machen viele Speisen auch leichter verdaulich. Das Aroma der Kräuter kommt besonders gut zur Geltung, wenn diese kurz vor der Verwendung im Mörser zerkleinert werden.

Da es inzwischen eine Vielzahl von Kochbüchern mit raffinierten Kräuter-Rezepten gibt, will ich hier nicht näher auf dieses Thema eingehen. Nachstehende Tabelle soll Ihnen einen Überblick über die Verwendungsmöglichkeiten von Kräutern in der Küche geben. Rezepturen finden Sie in meinem Buch “Die Kräuterküche”.

Kräuter für die Küche	Suppen	Salate	Gemüsegerichte	helle Saucen	dunkle Saucen	Fleischgerichte	Fischgerichte	Geflügelgerichte	Grillgerichte	Süßspeisen/Gebäck
4040 Anis							×			×
4041 Basilikum	×	×	×		×	×		×	×	
4042 Bohnenkraut	×	×	×		×	×		×	×	
4049 Fenchel		×			×	×	×			
4052 Kerbel	×	×				×		×		
4056 Lorbeerblätter	×				×	×	×	×		
4058 Majoran	×	×	×		×	×	×	×	×	
4060 Melissenblätter	×	×		×		×	×	×		×
4061 Minze (mild)	×	×	×		×	×	×	×		×
4064 Quendel	×		×		×	×			×	
4065 Rosenknospen										×
4066 Rosmarin	×		×		×	×	×	×	×	
4067 Salbei	×		×		×	×	×	×	×	
4069 Süßholzwurzel										×
4070 Thymian	×	×	×		×	×	×	×	×	
4071 Wacholderbeeren	×		×	×	×	×	×			
4072 Ysop	×		×		×			×	×	

Kräuterbäder

Nirgends kann man besser abschalten und sich vom Alltagsstreß befreien als in der Badewanne. Gönnen Sie sich ab und zu eine Stunde, die Ihnen ganz allein gehört, und schenken Sie Ihrem Körper und Ihrer Seele Wohlbehagen.

Das Bad läßt sich sehr gut bei kleinen Unpäßlichkeiten einsetzen, ist aber auch eine gute Möglichkeit zur Entspannung und Körperpflege. Mit den Kleidern werden Ärger und Streß des Tages abgelegt und das Streicheln des Wassers wäscht die Alltags-Sorgen ab, beruhigt, entspannt oder belebt. Die Wirkung wird maßgeblich von den Zusätzen bestimmt, die dem Bad beigegeben werden.

Der Garten der Natur gibt uns mit seinen Kräutern viele Möglichkeiten, seine Kräfte zu nutzen. Entsprechend unserer jeweiligen körperlichen bzw. seelischen Verfassung, werden wir die entsprechenden Kräuter wählen und als Badezusatz benutzen.

Zum Beispiel wirkt ein Bad mit Rosmarin anregend auf den Organismus und weckt die Lebensgeister. Nervöse oder gereizte Personen werden Lavendel oder Lindenblüten wählen, um im Bad Ruhe und Gelassenheit zu gewinnen. Sensible Haut freut sich über Rosenknospen oder Malvenblüten.

Im Anschluß an dieses Kapitel habe ich einige Bade-Rezepturen für Sie zusammengestellt, die Sie regelmäßig nutzen sollten.

Mit getrockneten Kräutern läßt sich ein wohltuendes Bad ganz einfach zubereiten:

Die Kräuter werden in einem Mullsäckchen (ein Teil eines ausrangierten Nylonstrumpfes tut es auch) unter das einlaufende fließende heiße Wasser gehalten. Man kann die Kräuter auch einige Minuten im Badewasser ziehen lassen. Eine weitere Möglichkeit ist die Zubereitung eines konzentrierten Absudes oder Aufgusses, den man filtert und dem Badewasser zusetzt.

Hier einige Bäder-Rezepturen zur Entspannung oder zur Linderung von Unpäßlichkeiten:

* Bei **Rheuma:**

  Je 2 Handvoll **Rosmarin** und **Heidekraut** 10 Minuten in 2 Liter Wasser kochen lassen. Die Flüssigkeit durch einen Filter ins Badewasser gießen.

* Bei **Grippe:**

  2 Handvoll **Eukalyptusblätter** 15 Minuten in 2 Liter Wasser kochen lassen und durch einen Filter ins Badewasser gießen.

* Bei **Nervosität** und **Schlaflosigkeit:**

  Je 1 Handvoll **Lindenblüten** und **römische Kamille** 7 Minuten in 2 Liter Wasser kochen lassen und durch einen Filter ins Badewasser gießen.

* Zur **Beruhigung:**

  2 Handvoll **Lavendelblüten** 15 Minuten lang in 2 Liter Wasser kochen lassen und durch einen Filter ins Badewasser gießen.

* Zur **Entspannung:**

  2 Handvoll **Rosenknospen** 15 Minuten lang in 2 Liter Wasser kochen lassen und ins Badewasser gießen.

* Gegen **Müdigkeit,** für **Vitalität** und **Lebensfreude:**

  2 Handvoll **Rosmarin** in 2 Liter Wasser 10 Minuten kochen lassen. Danach durch einen Filter ins Badewasser gießen.

  Dieses Bad nehmen Sie am besten am Morgen oder wenn Sie abends noch etwas vorhaben.

* Bei **trockener Haut** und zur **Entspannung:**

  1 Handvoll Blüten der **Römischen Kamille** 5 Minuten in 2 Liter Wasser kochen und danach noch 10 Minuten ziehen lassen. Flüssigkeit filtern und ins Badewasser geben.

Bitte beachten Sie:

Alle diese Bäder sollten bei etwa **37° C** Wassertemperatur angewendet werden und höchstens **15 Minuten** dauern.

STICHWORT-VERZEICHNIS

von A–Z